Paroles de Poilus

Paroles de Poilus

Lettres et carnets du front

(1914-1918)

Sous la direction
de Jean-Pierre Guéno et d'Yves Laplume

Librio

Texte intégral

Pitié pour nos soldats qui sont morts ! Pitié pour nous vivants qui étions auprès d'eux, pour nous qui nous battrons demain, nous qui mourrons, nous qui souffrirons dans nos chairs mutilées ! Pitié pour nous, forçats de guerre qui n'avions pas voulu cela, pour nous tous qui étions des hommes, et qui désespérons de jamais le redevenir.

Maurice GENEVOIX, *La Boue*

Les saisons de l'âme

Il y eut d'abord les paillettes d'un siècle nouveau ; le faste des expositions universelles ; la course du progrès ; la succession des dimanches calmes et sereins ; la démarche chaloupée des apaches et les hanches des dactylos en goguette dans les guinguettes des bords de Seine, de Marne ou de Loire. Les excursions en montagne ou dans les villes d'eau, le temps d'un dimanche ensoleillé. La vogue des bains de mer ; le temps toujours et encore, des robes longues, des épingles à chapeau, des voilettes et des ombrelles qui protégeaient du soleil ; les premières fièvres du Métropolitain ; la magie des tramways. Odeurs de rail et d'électricité.

Il y eut les formes de l'Art nouveau, la mode des femmes tiges aux courbes végétales, qui commençaient à se délier et à se libérer de leurs corsets. Les Parisiennes portaient le chapeau large et le pied menu. Les hommes fumaient les premières Gauloises. Il y eut bien sûr des émeutes et des grèves : des électriciens, des fonctionnaires, des terrassiers, des postiers, des détenus de Clairvaux, des mineurs, des vignerons, des garçons de café, des chauffeurs de taxi. Les hommes voulaient construire et modeler leur destinée. Ils voulaient partager mieux les richesses du monde.

Il y eut le Montmartre des peintres et du bateau-lavoir ; les premiers meetings aériens ; les inondations de Paris ; le passage de la comète de Haley ; l'apparition des premiers tangos ; les premiers music-halls ; l'inauguration du Vél d'Hiv et du Gaumont Palace ; le vol de la Joconde ; la fin de la bande à Bonnot ; la publication de *La Guerre des boutons* ; la rencontre d'Yvonne de Quiévrecourt et d'Alain-Fournier sous les arbres du cours La Reine, l'édition du *Grand Meaulnes* qui manqua de si peu le prix Goncourt ; l'apparition des premières cabines téléphoniques ; l'électrification du chemin de fer ; les premières cartes Michelin ; la mode des casquettes et des canotiers ; l'invention de l'espéranto.

C'était la paix. La promesse d'une aube nouvelle, l'insouciance de l'été, la quiétude des champs de blé parsemés de bleuets et de coquelicots qui attendaient la faux du moissonneur ou le couteau de la batteuse.

Ils avaient 17, 25 ou 30 ans. Beaucoup portaient le cheveu court et la moustache. Beaucoup avaient les mains et la nuque parcheminées du laboureur, les doigts usés de l'ouvrier, les ongles cassés du tourneur ou du mécanicien. Il y avait des palefreniers, des arpenteurs, des boulangers, des maîtres d'hôtel, des garçons de bureau, des clercs de notaire, des charcutiers, des instituteurs, des colporteurs, des rédacteurs, des vachers, des portefaix, des bergers, des prêtres, des rémouleurs, des cuisiniers, des taillandiers, des commis, des chauffeurs, des valets de pied, des étameurs, des livreurs, des chaudronniers, des crieurs de journaux, des garçons coiffeurs, des cheminots, des garçons de café, des facteurs, des intellectuels, des ouvriers, des bourgeois, des aristocrates et des bourreliers...

Il y eut soudainement des civils, des militaires de carrière, des conscrits, des réservistes, des artilleurs, des marins, des fantassins, des zouaves, des aviateurs, des sapeurs, des brancardiers, des agents de liaison, des télégraphistes, des sous-officiers, des sous-mariniers, des infirmiers, des cuistots, des adjudants, des généraux, des sous-lieutenants, des aumôniers, des cantiniers, des cavaliers, des bleus, des rappelés, des permissionnaires... Il y eut soudainement des poilus.

Leur écriture était ronde ou pointue ; elle avait la finesse de la plume ou le trait gras du crayon à encre. Ils s'appelaient Gaston, Jean, Auguste, Marcel, Louis, Alexandre, Edmond, Martin, Antoine, Etienne, Maurice, Albert, Henri, Roger, René... Leurs femmes ou leurs mères s'appelaient Félicie, Léontine, Hortense, Louise, Honorine, Clémence, Marguerite, Berthe, Germaine, Yvonne, Marthe... Ils avaient le plus souvent entre 17 et 25 ans, mais ils pouvaient en avoir 30 ou 40.

Autant de voyageurs sans bagages qui durent quitter leurs familles, leurs fiancées, leurs femmes, leurs enfants. Laisser là le bureau, l'établi, le tour, le pétrin, la boutique ou l'étable. Revêtir l'uniforme mal coupé, le pantalon rouge, le képi cabossé. Endosser le barda trop lourd et chausser les godillots cloutés.

Très vite, ils comprirent que cette guerre n'avait pas de sens. De faux espoirs en faux espoirs, de dernières batailles en dernières batailles, ils finirent par ne plus pouvoir prévoir la fin de la guerre dont ils étaient les acteurs et dont l'utilité vint à ne plus leur paraître évidente.

Sur 8 millions de mobilisés entre 1914 et 1918, plus de deux millions de jeunes hommes ne revirent jamais le clocher de leur village natal. Leurs noms sont gravés dans la pierre froide des monuments de nos villes et de nos bourgs. Et quand l'église s'est tue, quand l'école est fermée, quand la gare est close, quand le silence règne dans ces bourgs qui sont devenus des hameaux, il reste ces listes de mots, ces listes de noms et de prénoms qui rappellent le souvenir d'une France dont les campagnes étaient si peuplées.

Plus de 4 millions d'hommes ne survécurent qu'après avoir subi de graves blessures, le corps cassé, coupé, marqué, mordu, la chair abîmée, quand ils n'étaient pas gravement mutilés. Les autres s'en sortirent en apparence indemnes : Il leur restait le souvenir de l'horreur vécue pendant plus de 50 mois, la mémoire du sang, de l'odeur des cadavres pourrissants, de l'éclatement des obus, de la boue fétide, de la vermine, la mémoire du rictus obscène de la mort. Il leur restait la griffe systématique et récurrente du cauchemar pour le restant de leurs jours et avec elle le cri angoissé parce que sans réponse, l'appel de leur mère. Il leur restait la force des mots qui évoquaient des images dont ils n'oublieraient jamais l'horreur : Galipoli, Verdun, le Chemin des Dames, Arlon-Virton, le moulin de Lafaux, la Somme, Ypres, Péronne, Montmirail, Douaumont, le fort de Vaux...

Plus de 8 000 personnes ont répondu à l'appel de Radio France : 8 000 lettres, cela veut dire autant de familles qui ont recherché dans une malle du grenier, entre les pages jaunies des albums de famille le souvenir de la vie de leurs pères, de leurs grands-pères et de leurs aïeux.

Ces mots écrits dans la boue n'ont pas 80 ou 85 ans : ils n'ont pas vieilli d'un jour. Ils ont la force d'une vie d'autant plus intense qu'elle tutoyait l'abîme, qu'elle dévisageait la mort à longueur de secondes.

Nous n'avions pas la prétention de faire œuvre d'historiens en assimilant autant de documents d'une telle force et d'une telle intensité en quelques semaines : notre démarche est avant tout humaniste et littéraire. Il s'agissait simplement de faire entendre ces cris de l'âme confiés à la plume et au crayon, qui sont autant de bouteilles à la mer qui devraient inciter les générations futures au devoir de mémoire, au devoir de vigilance comme au devoir d'humanité.

Entre 1914 et 1919, la propagande gouvernementale fut tellement intense qu'elle fit perdre tout crédit à une presse écrite trop servile et trop prompte à relayer le « bourrage de crâne ».

La France fut le seul pays incriminé dans le conflit dans lequel il était strictement interdit de publier les pertes. Cette chape du silence et du mensonge porta longtemps ses fruits après la Première Guerre mondiale. Nos livres d'histoire ont trop longtemps minoré les pertes de l'une des plus grandes boucheries de l'histoire qui fit dans le monde plus de 10 millions de morts et près de 20 millions de blessés. Ils ont trop longtemps passé sous silence le véritable état d'esprit de ces poilus qui pour la plupart ne se faisaient aucune illusion sur le fondement réel du conflit, mais qui n'en accomplirent pas moins leur devoir avec un courage surhumain. Ils ont trop longtemps passé sous silence l'incompétence criminelle de certains officiers supérieurs qui n'ont pourtant pas laissé une trace négative dans la mémoire collective.

Comment rassembler ces témoignages issus de lettres et de journaux de guerre écrits à la hâte dans le feu de l'action ? Seul le cycle des saisons permettait un regroupement thématique : parce que les poilus vivaient au rythme de la chaleur et du froid, du soleil et de la pluie, de la brume et du vent, du jour et de la nuit, comme ils vivaient au rythme des balles et des obus, au rythme des charges à la baïonnette, au rythme de la mort, de la souffrance et de l'agonie. Parce que les poilus vivaient en fin de compte au rythme des saisons de leur âme : premier été, saison du départ et du baptême du feu. Automnes, saisons ensanglantées, saisons de la mort et du pourrissement. Printemps, saisons à contre-pied, saisons du cafard et de la nostalgie. Etés, saisons des amours à distance, saisons des aveux que l'on n'avait jamais osé exprimer. Dernier automne : saison des ultimes boucheries ; saison de la paix qui se déchaîne aussi brutalement que la guerre avait pu enflammer les moissons de 14.

Toutes les photocopies des lettres reçues dans le cadre de cet appel au souvenir seront versées dans les fonds du très bel Historial de la Grande Guerre de Péronne et dans les fonds d'archives du ministère de la Défense. Au-delà du chant composé au fil des pages qui suivent ces lignes, il restait en effet à prolonger le sens de cette collecte en permettant aux historiens d'en dresser l'analyse et d'en immortaliser l'empreinte pour les générations futures afin que l'Europe puisse apprécier à son juste prix la valeur inestimable de son harmonie.

Jean-Pierre GUÉNO

CHAPITRE 1

Premier été

Premier été ; la fleur au fusil... La guerre de mouvement serait courte ; l'empereur Guillaume II y laisserait forcément ses moustaches... La propagande battait déjà son plein, mais beaucoup d'hommes ordinaires ne s'y laissaient pas prendre et ne comprirent pas très bien ce qui leur arrivait lorsqu'ils quittèrent soudainement et dans l'angoisse leur famille et leur emploi. Ils n'avaient pas abandonné les bancs de l'école depuis si longtemps, ces quatre millions de Français mobilisés de la première heure : conscrits de fraîche date, réservistes et rappelés plus âgés qui s'en allaient vêtus de leur pantalon rouge et de leur manteau bleu, la tête rasée, sans casque, à travers les champs remplis de coquelicots et de bleuets, comme pour des grandes manœuvres estivales, que seules les longues marches forcées et la lourdeur du barda pourraient différencier des exercices du temps de paix. Les paysans étaient soucieux : qui moissonnerait ? Qui finirait de rentrer la paille ? Qui labourerait ? Qui vendangerait ?

La moisson serait meurtrière et la vendange sanglante ; beaucoup ne survivraient pas à ce premier été : ils tomberaient sous les balles des mitrailleuses ennemies ; ils finiraient crucifiés dans le piège carnivore des fils de fer barbelés ; ils seraient pulvérisés par des tapis d'obus. Ils seraient les premières victimes de la guerre, mais aussi celles des erreurs d'une hiérarchie militaire incompétente qui brillait encore par le culte du sabre et de la baïonnette, et par le mépris de l'artillerie lourde. Et ils tomberaient à l'époque de la rentrée des classes, comme Charles Péguy, comme Alain-Fournier et comme tant d'autres. Un sixième des tués de la Grande Guerre disparaîtrait pendant les deux premiers mois d'un conflit qui durerait plus de 4 ans... Plus de 140 000 en 5 jours d'été, 27 000 pour la seule journée du 22 août 1914, la plus meurtrière de tous les temps. Et leurs papiers militaires seraient déposés avec leur plaque dans une bouteille renversée fichée dans la glaise au pied d'une croix sommaire ou d'un fusil brisé planté la crosse en l'air. Les premiers disparaîtraient à l'ouest de la Moselle, au fil des premières défaites qui déclencheraient un véritable exode de populations civiles sur les routes de France, et une formidable retraite franco-anglaise. L'armée allemande s'arrêterait à 40 kilomètres de Paris, stoppée par la première bataille de la Marne.

Mais il y aurait d'autres premiers étés, d'autres baptêmes du feu, pour 4 millions d'autres jeunes Français qui seraient mobilisés pendant les quatre années qui restaient à venir...

Premier été : saison de la déchirure, des premiers combats, des premières boucheries...

Maurice Maréchal avait vingt-deux ans en 1914. Après la guerre, il deviendrait l'un des plus grands violoncellistes du monde : l'égal de Casals et l'un des maîtres de Rostropovitch. Entre 1914 et 1919, le matricule 4684 classe 12 fut soldat de 2e classe et agent de liaison. En mai 1915, un autre poilu lui fabriqua un violoncelle avec les morceaux d'une porte et d'une caisse de munitions. Ce violoncelle signé par les généraux Foch, Pétain, Mangin et Gouraud est aujourd'hui conservé à Paris, à la Cité de la Musique.

Samedi 1er août
Mobilisation générale.
Au jour le jour !

Dimanche 2 août
Premier jour de la mobilisation générale. Hier matin j'ai pris la résolution d'agir <u>en Français</u> ! Je rendais mes cartons à la Musique, quand je me suis retourné machinalement sur la ville, la cathédrale vivait, et elle disait : « Je suis belle de tout mon passé. Je suis la Gloire, je suis la Foi, je suis la France. Mes enfants qui m'ont donné la Vie, je les aime et je les garde. » Et les tours semblaient s'élever vers le ciel, soutenues seulement par un invisible aimant. Et Meyer me dit : « Vois-tu des boulets dans la cathédrale ? » J'ai été à l'infirmerie, je serai du service armé et si on touche à la France, je me battrai. Toute la soirée, des mères, des femmes sont venues à la grille. Les malheureuses ! Beaucoup pleuraient, mais beaucoup étaient fortes. Maman sera forte, ma petite mère chérie, qui est bien française, elle aussi ! J'ai reçu sa lettre ce matin, dimanche. Ici, je te confie un secret, carnet, elle contenait cette lettre, une lettre d'une jeune fille qui aurait peut-être pu remplacer Thérèse un jour. Si je pars et si je meurs, je prie ma petite mère de lui dire combien j'ai été sensible à sa lettre de Villers, combien je l'ai appréciée dans sa droiture, dans son courage, dans sa grâce ; combien je la remercie des bonnes paroles que j'ai vraiment senties être <u>d'une amie</u>. Je suis sorti ce matin prendre du linge, poser mon violoncelle chez Barette. J'ai écrit à petite mère. Je ne peux pas écrire à tous, mais je pense pourtant à tous nos amis.

Maurice MARÉCHAL

Léon Hugon était un paysan du Quercy. Il était marié depuis cinq ans et demi lorsqu'il fut mobilisé le 1er août 1914, comme 4 millions de jeunes Français. Il appartenait à la 18e compagnie du 209e régiment d'infanterie de réserve. C'était le lendemain de l'assassinat de Jaurès, et deux jours avant la déclaration de guerre de la France à l'Allemagne.

Le 5 août 1914

Chère Sylvanie

Je suis sur le point de prendre un Pernod chez l'Espagnol à côté du marché couvert avec Berry. Je viens de voir Caliste.

Tout est très calme, on dirait qu'on part pour les manoeuvres. Ce ne sera pas la vérité, mais quand même, nous n'en sommes pas encore là.

Je ne suis pas encore habillé. Nous sommes libres. Je vais finir mon canard ce soir chez le frère de Berry. Nous avons bu le demi-litre gros dans la cour de la caserne à midi. [...] Tout marche bien, des pancartes voyagent à Agen pour Berlin et la peau de Guillaume sera à vendre un jour. J'ai vu tous mes anciens copains, tout contents d'aller en Allemagne.

Je reste quelques jours à Agen. Si tu reçois la lettre avant dimanche, tu pourras me faire réponse.

HUGON Léon

Maurice Maréchal (voir plus haut).

10 août 1914

Dans la petite école de Saulces-Monclin où je suis à la disposition du colonel du 274e. Je me sens faible ; j'ai besoin de manger un peu et de dormir, mais comme ma compagnie, la 22e est de service aujourd'hui, je suis obligé de rester pour porter les ordres. Pourtant, nous sommes partis hier à 7 heures du matin de Rouen. Nous avons roulé 18 heures de suite (Mantes-Creil-Soissons-Laon-Rethel-Puiseux) avec halte café, et avons marché depuis une heure du matin jusqu'à 6 heures ; [...] Que d'impressions depuis hier, et d'abord, petite mère, merci, tu as été sublime de courage samedi soir. Je suis fier, fier d'être ton fils. Hier, durant tout le trajet, les populations pressées aux passages à niveau et aux gares n'ont cessé de nous acclamer, les femmes envoyant des baisers, les hommes reprenant avec nous *La Marseillaise* et *Le Chant du départ* (je dois citer Compiègne particulièrement). Pourquoi faut-il qu'une angoisse sourde m'étreigne le cœur, si c'était en manœuvres, ce serait très amusant ; mais voilà, après-demain, dans 3 jours peut-être les balles vont pleuvoir et qui sait ? Si j'allais ne pas revenir, si j'allais tuer ma mère, assassiner ma mère, volontairement. Oh, que m'est-il réservé ? Pardon Maman ! J'aurais dû rester, travailler mon violoncelle pour vous, pour vous qui avez fait tant de sacrifices, pour petite mère, déjà malade ! Mon Dieu, pourvu que son désespoir n'aille pas l'aliter ! Oh ! Que je suis coupable et que je manque de réflexion ! Je vais faire tout ce que je pourrai pour quitter cette compagnie où, comme cycliste, je suis vraiment trop exposé ! Si j'étais à la Croix-Rouge, je serais du moins plus sûr de revenir. Je ne suis pas, je ne veux pas être lâche, mais l'idée que je pourrais, pour une balle idiote qui ne prouvera rien ni pour le Droit ni pour la Force, gâcher tout mon avenir et surtout briser tout l'édifice édifié péniblement par ma chère petite mère au prix de tant et tant de sacrifices, je suis pris d'un tremblement d'angoisse qui me tord ! Et pourtant, il faut marcher. Tant pis, je suis parti, ça y est, je ne peux plus revenir ! Et comme je désire pourtant, en ce moment, une heure de calme repos, chez nous, sous le toit familial, près de mes êtres chers... Allons, ne nous amollissons pas ! Que diable ! Pour un Français ! ! Que diraient nos nobles dames et les gentes demoiselles qui, pour un éventail, feraient s'éventrer deux des plus fiers, parmi les beaux chevaliers de leur cour ! Allons, soyons gai, courageux, confiant !

Maurice MARÉCHAL

Fils d'un limonadier de Château-Chinon, Henri Aimé Gauthé était un simple soldat de 2e classe qui fut d'abord agent de liaison puis téléphoniste. Son journal de guerre fut écrit dans le feu de l'action. Henri devait avoir les doigts trop souvent sales, les ongles cassés du fantassin... Après la guerre, Henri devra reprendre la direction de l'entreprise paternelle, en remplacement de son frère aîné tué pendant les premiers mois du conflit.

La traversée de Commercy se fit au pas cadencé arme sur l'épaule. Il importait de ne pas offrir le spectacle d'un troupeau incohérent et flasque. Montrer à la population les signes extérieurs d'une troupe organisée et disciplinée. Dieu ! Que c'est long ce bourg ! Si je traînais au pas un sabre à gland de crin, comme je penserais différemment sans doute ! Mais ma baïonnette s'empêtre dans mes cuisses ; mon col tiré en arrière m'étrangle... une – deux ! Vas-y c'est beau ! Regardez, bourgeois, notre pas cadencé permet à votre volaille de cuire en son four.
Par hasard, en levant les yeux, j'aperçus une fillette jolie et mièvre un peu... A voir ses yeux émus et admiratifs, j'ai compris que sans doute nous étions beaux... et grands. Nous allions par là-bas, où l'on meurt, où l'on est défiguré, haché, déchiré... et nous y allons... au pas, au son des cuivres aigus... Nous portons dans nos cartouchières la mort. Nos fusils tuent. Nous sommes forts et doux peut-être... Nous sommes une bête formidable qui pourrait broyer cette enfant, sans la voir, sans entendre ses cris et sa plainte. Son admiration est une vague d'effroi et de piété. Nous sommes un énorme troupeau de formidables douleurs... Nous sommes un rempart des joies de l'amour, du bonheur... Sans accepter cette tâche, nous mourrons pour elle... Peut-être cette enfant ignorante, naïve, coquette, ne l'a-t-elle pas compris. Mais elle l'a senti... son regard me réchauffe, son admiration m'a fait tendre le jarret, son sourire m'a donné du cœur... Elle était peut-être tout simplement jolie ! A mes côtés, sous son regard, mes camarades eux aussi se sont redressés... mille rêves ont peut-être caressé leur pensée... Un charme sensible paraît les avoir touchés et parce qu'une fillette les voyait, ils eurent un regard plus serein et plus clair, une démarche plus ferme, un front plus guerrier. [...]
La foi me manque ; j'ai une foi stérile et creuse. Elle ne sert pas de moule à ma vie. Elle n'entretient pas une mystique à mes actions. Elle n'éveille qu'occasionnellement ma soumission.
Mes nerfs crient et se froissent à certaines imaginations et

dans mon chaos, je ne trouve de causes et de raison à mes souffrances que le besoin de jouir et de paraître chez mille qui ne sont point à la peine. Et si je refuse de souffrir pour leur donner des honneurs ou de la joie, des richesses et des maîtresses jeunes, jolies et parfumées, je ne suis pas assez austère pour agréer l'attente de ces maîtres, et j'ai l'estomac trop vide. Je suis trop sale et j'ai trop de poux. Je ne peux croire que c'est le fumier qui fait la rose – et que notre pourriture acceptée par le camp et la tranchée, que notre révolte, que notre douleur feront de la justice ou du bonheur. Et quel égoïsme de dire à son frère : tu mourras pour que je sois heureux ! N'est-ce pas là toute la guerre et ce calcul n'est-il pas le squelette effarant qu'on cache sous les oripeaux d'honneur, de devoir militaire, de sacrifice ?
Chaque putain de guerre représente les mille douleurs de celui qui la porte, mille morts de ceux que le combat a fauchés, et les mille jouissances des ventres et des basventres de l'arrière. Voilà ce qu'elle crie cette putain de guerre : Celui qui me porte est un naïf qui croit que les mots cachent des idées, que les idées feront du bonheur, et qui n'a pas vu quelles bacchanales son dévouement permettait derrière le mur formidable des discours, des proclamations, des compliments et de la censure. [...]
La marque extérieure de la distinction du militaire est la blancheur des mains. Je m'efforce de soigner les miennes : c'est un besoin, surtout quand j'ai le cerveau clair si bien qu'en regardant mes mains, je vois la netteté de mon esprit. Et des jours, j'ai les mains bougrement sales ! D'autres jours, je les admire et les contemple. Elles semblent vivantes d'une autre vie que la matérielle. Je sens en les voyant ce que je peux entreprendre comme d'autres voient ce qu'ils peuvent saisir. La main ne montre pas que des déformations professionnelles ; elle est la preuve d'une mentalité.

Henri Aimé GAUTHÉ

Henry Lange appartenait à une famille israélite, naturalisée française, un siècle avant le début de la Grande Guerre. Engagé volontaire à dix-sept ans dès le début de la guerre, Henry fut d'abord versé dans l'artillerie, puis il intervint auprès de son général pour être plus exposé en étant versé dans l'infanterie. Il fut tué le 10 septembre 1918 à la tête de sa section. Il avait vingt ans.

Le 6 septembre 1917

Mon Général

Je me suis permis de demander à passer dans l'infanterie pour des motifs d'ordre personnel. Mon cas est en effet assez différent de celui de la plupart des combattants.

Je fais partie d'une famille israélite, naturalisée française, il y a un siècle à peine. Mes aïeux, en acceptant l'hospitalité de la France, ont contracté envers elle une dette sévère ; j'ai donc un double devoir à accomplir : celui de Français d'abord ; celui de nouveau Français ensuite. C'est pourquoi je considère que ma place est là où les « risques » sont les plus nombreux.

Lorsque je me suis engagé, à 17 ans, j'ai demandé à être artilleur sur la prière de mes parents et les conseils de mes amis qui servaient dans l'artillerie. Les « appelés » de la classe 1918 seront sans doute envoyés prochainement aux tranchées. Je désire les y devancer.

Je veux après la guerre, si mon étoile me préserve, avoir la satisfaction d'avoir fait mon devoir, et le maximum de mon devoir. Je veux que personne ne puisse me contester le titre de Français, de vrai et de bon Français.

Je veux, si je meurs, que ma famille puisse se réclamer de moi et que jamais qui que ce soit ne puisse lui reprocher ses origines ou ses parentés étrangères.

J'espère être physiquement capable d'endurer les souffrances du métier de fantassin et vous prie de croire, mon Général, que de toute mon âme et de tout mon cœur je suis décidé à servir la France le plus vaillamment possible.

Veuillez agréer, mon Général, l'assurance de mon profond respect et de mon entier dévouement.

Henry LANGE

Ce 5 octobre 1917

Rien à signaler aujourd'hui encore : nous vivons ici une vie assez monotone, qui se recommence chaque jour, dans une campagne infiniment calme et reposante. Je jouis infiniment de la beauté douce et tranquille de cette fin d'été, de ce début d'automne. Il y a, en cette saison, un parfum de mélancolie émouvante, suave, dont je me sens profondément imprégné. J'ai l'impression qu'en cette saison quasi-

ment crépusculaire, les âmes sont meilleures et les cœurs plus sensibles... Et pourtant, on continue à se battre. Non, je n'aime pas la guerre ; et je ne voudrais pas qu'un jour quelqu'un pût dire que les combats s'écrivent ainsi qu'une partie de football ou de tennis. Je suis décidé à être un bon soldat très brave et j'ai la prétention de m'être déjà bien comporté au feu parce que c'est mon devoir et par amour de l'idéal : depuis deux ans, je me suis mis « au service de l'idéal », au service d'un certain nombre d'idées telles que celles-ci : tout jeune homme doit s'engager, dès que son âge le lui permet, et si sa santé n'est pas trop faible, un engagé doit rester au dépôt le maximum de temps possible. A 19 ans, on doit être fantassin quand on est français, et qu'on est jeune et fort, on doit être heureux et fier de pouvoir défendre sa patrie. Quand on est français de date récente, et surtout quand on fait partie de cette race juive méprisée et opprimée, on doit faire son devoir mieux que personne. Et puis il faut bien que dans une famille où il y a des M... des B... et des S... il y ait quelqu'un qui se batte pour de bon ! Je n'aime pas la guerre, mais je n'en souffre nullement, ni au physique, ni au moral. Je suis très heureux (car je suis une bonne poire) à l'idée qu'à la fin de la guerre, je pourrai être satisfait de moi, mais sais fort bien que personne, quelques mois après la signature de la paix, ne différenciera ceux qui se seront battus de ceux qui se seront reposés... ceci n'a d'ailleurs aucune importance : j'agis égoïstement pour moi, pour vous, et pour l'idéal.
Je n'ai pas de lettre de vous aujourd'hui.
Je suis toujours embusqué et sans doute pour quelques mois encore.
All perfect.
A vous,

Henry LANGE

Maurice Maréchal (voir plus haut).

Mercredi 12 août

Puiseux – Mon carnet, mon cher carnet, la plus intime chose que je possède ici ! Comme je suis heureux de t'ouvrir, de causer avec toi ! Quelle journée remplie, Mon

Dieu ! Je suis éreinté. Heureusement que notre gentil petit sergent m'a offert de partager un lit qu'il a trouvé chez une brave femme du pays. Ce matin, nous avons été à l'exercice de la compagnie, en pleins champs. Cette vie toute nouvelle m'intéresse au plus haut degré, et puis ce beau temps continu, le soleil, l'air pur me font oublier absolument la cause de notre présence en ces belles Ardennes. Va-t-on vraiment se battre ? Va-t-on vraiment se tuer ? Avons fait des bonds de tirailleur dans un vallon. Je suivais le capitaine, mais au commencement, étant resté un peu à l'arrière, j'ai eu ce joli coup d'œil de toutes ces files d'hommes qui se dispersaient dans les blés mûrs, se couchaient, se relevaient, comme de longs serpents ou comme des trains de chemin de fer ! Cet après-midi ai fait une folie : une trentaine de kilomètres à la recherche du 74e que je n'ai pas trouvé. J'étais à 10 kilomètres de Mézières ! J'ai cru en revenant que j'allais tomber sur la route, vraiment ! Ce matin, le sergent et moi, nous avons fait le beurre ! Chez notre bonne femme de propriétaire : c'était très amusant et nous nous sommes régalés de bonnes tartines délicieuses ! La soupe sur un feu improvisé devant une grange, la toilette en plein air, dans un seau : n'est-ce pas là encore, quelques bonnes heures !

Maurice MARÉCHAL

Neuf jours après avoir écrit cette lettre, Alphonse X a été tué par un obus.

Mercredi 5 mai 1915

Chérie,

Voilà le baptême du feu, c'est chose tout à fait agréable, tu peux le croire, mais je préférerais être bien loin d'ici plutôt que de vivre dans un vacarme pareil. C'est un véritable enfer. L'air est sillonné d'obus, on n'en a pas peur pourtant : nous arrivons dans un petit village, où se fait le ravitaillement ; là, on trouve dans des casemates enfoncées dans la terre les gros canons de 155 ; il faudrait que tu les entendes cracher, ceux-là ; ils sont à cinq kilomètres des lignes, ils tirent à 115 sur l'artillerie boche.
On sort du village à l'abri d'une petite crête, là commencent

les boyaux de communication ; ce sont de grands fossés de 1 mètre de large et de deux mètres de profondeur ; nous faisons trois kilomètres dans ces fossés, après on arrive aux tranchées qui sont assez confortables. De temps en temps, on entend siffler quelques balles, les Boches nous envoient quelques bombes peu redoutables ; nous sommes à deux cents mètres des Boches, ils ne sont pas trop méchants. Je me suis promené à huit cents mètres sur une route, à peine si j'en ai entendu deux siffler ; nous avons affaire à des Bavarois qui doivent en avoir assez de la guerre, ça va changer d'ici quelques jours.
Nous faisons des préparatifs formidables en vue des prochaines attaques. Que se passera-t-il alors, je n'en sais rien, mais ce sera terrible car à tout ce que nous faisons nous prévoyons une chaude affaire. J'ai le cœur gros mais j'attends toujours confiant ; nous prévoyons le coup prévu avant dimanche. Si tu n'avais pas de mes nouvelles après ce jour, c'est qu'il me sera arrivé quelque chose, d'ailleurs tu en seras avertie par un de mes camarades. Il ne faut pas se le dissimuler, nous sommes en danger et on peut prévoir la catastrophe ; sois toujours confiante malgré cela parce que tous n'y restent pas.

Alphonse

Richard Hoffmann était artilleur dans l'armée allemande. Il avait trente et un ans en 1914.

Strasbourg-Neudorf, le 22 septembre 1914,
Ma chère mère, ma chère sœur,
Après avoir traîné pendant quelques semaines à Strasbourg et aux alentours, à faire des exercices de tir, des marches forcées, des revues sans fin, nous avons soudain reçu le 26 ou le 27 août, l'ordre du départ ; en une demi-heure, tout le monde était en ordre de marche. Pour où ? Personne n'en savait rien. On nous a chargés, ou bien nous sommes montés nous-mêmes, corps, biens et chevaux sur un train et nous voilà partis dans la nuit sombre. Au petit matin, nous sommes descendus dans une gare proche de la frontière allemande. Le long du chemin : traces de combats, champs piétinés ; dans ce chaos désertique, toutes sortes de matériels de combat, des hommes enterrant les derniers

morts, et dans l'air, cette odeur pénétrante du champ de bataille. Nous avons fouillé quelques sacs, dans chacun d'eux, il y avait des lettres et des cartes, en français et en allemand, adressées aux êtres chers de l'arrière ; elles se terminaient par l'espoir de les revoir sains et saufs. Tout ça a jeté un grand froid : ceux qui les avaient écrites étaient morts. Puis nous avons repris notre marche sans fin, interminable, jusqu'à la tombée de la nuit ; car il nous fallait encore prendre part au combat ; pour la première fois, nous n'avons pas pris nos repas à heure régulière et, nous n'avons eu que du pain de soldat et du café. En fin d'après-midi, nous avons passé la frontière française sans le savoir. [...] nous avons pris nos quartiers dans le village français de Parray ou quelque chose de ce genre. Bien entendu, l'endroit avait déjà été visité depuis longtemps par nos troupes, mais malgré tout, chacun serrait sa carabine un peu plus fort. Comme tous les villages de France que j'ai traversés, c'était un village crasseux : des tas de fumier et de vieilles ordures le long de la rue, devant les portes des maisons massives, aux fenêtres étroites et aux pièces sombres et sales, partout, des réparations de fortune, des bâtiments faits de bric et de broc. Et ne parlons pas des Françaises : semblables à des gitanes pour ce qui est de l'habillement et de la propreté, et à des Juives, pour ce qui est des traits du visage. Nous (dix hommes) avons pris nos aises dans une pièce d'une hauteur de 1,80 m. Nous nous sommes réparti la literie de l'unique lit et nous avons remplacé les matelas manquants par de la paille. Je m'en suis contenté, car tout le reste ne m'inspirait guère confiance (c'est aussi pour cette raison que je porte à nouveau les cheveux très courts). Avec l'aide d'un camarade parlant parfaitement le français, nous avons obtenu de nos hôtesses qu'elles nous fassent du café et qu'elles nous apportent du lait. Dîner nocturne à base de café au lait et de pain de soldat sec ; tout est parti si vite que nous n'avons rien pu mettre de côté pour l'emporter. Puis nous nous sommes entretenus avec elles de la guerre ; c'était tout de même intéressant de savoir ce que la population française pensait de la guerre. Les femmes la souhaitaient aussi peu que nous, leurs maris étaient aussi au front et servaient dans les unités qui nous faisaient face. Quelle ironie du sort ! Demain, peut-être, leurs obus faucheront leurs femmes. C'est ça la guerre !

Chère mère, je te dis encore pour te rassurer que je ne me suis jamais porté aussi bien que depuis que je suis soldat et que notre courage n'a jamais faibli. Nous sommes tous animés d'une foi inébranlable en l'heureuse issue de notre juste cause. Ici, pas de découragement ni d'abattement. Pense au vieux dicton des chevaliers qui caractérise si bien l'ambiance qui règne ici : « Parce qu'il est le seul à pouvoir regarder la mort dans les yeux, seul le soldat est un homme libre ! »
Et maintenant, je vous embrasse bien fort, toi et Gretchen.

Votre Richard

Originaire de Marseille, Maurice Antoine Martin-Laval était l'un des six enfants d'un armateur de la ville. Il avait vingt-trois ans lorsqu'il écrivit ces mots à sa sœur Marie. Il était médecin auxiliaire au 58ᵉ R.I., et il allait avec les brancardiers ramasser les blessés sur les champs de bataille. Ses deux frères, André et Fernand, eurent comme lui la chance de survivre à la guerre.

Le 22 février 1915
Ma chère Marie,
Tu ne saurais croire la vaillance et l'héroïsme de nos braves soldats ; quand je dis : « vaillance et héroïsme », je n'entends pas parler comme les journaux dans un sens vague et général et prendre ces mots presque comme un cliché systématique lorsqu'il s'agit de nos troupes, mais bien au contraire, je veux donner à ces mots toute leur extension et je précise. Hier à 14 heures devait avoir lieu par trois sections de mon régiment l'attaque d'une tranchée allemande, pourvue de défenses accessoires fantastiques : une largeur d'une dizaine de mètres, sillonnée en tous sens comme une toile d'araignée de fils de fer barbelés et épais reliant entre eux d'énormes piquets de 1,75 m de haut et constitués par des madriers de chemins de fer.
A 14 heures donc, devait avoir lieu une canonnade intense : assaut à la baïonnette de la tranchée allemande par notre artillerie pour faire filer les Boches en même temps qu'un bombardement intense de ces réseaux de fils de fer formidables (séchoirs).
A 14 h 30, fusée, cessation de l'artillerie, assaut à la baïon-

nette, victoire : comme tu le vois, c'est très simple sur le papier, mais hélas combien différent dans la réalité.
Donc à 14 heures, vive canonnade. tout tremble, à 14 h 30 le commandant de l'attaque lance une fusée signal pour faire cesser le feu de l'artillerie et permettre à nos poilus d'avancer.
Mets-toi un instant dans la peau des officiers et des hommes qui vont partir.
Jusqu'à 14 heures, les hommes dorment tranquilles, couchés sur le ventre dans leurs tranchées, harassés qu'ils sont par plusieurs nuits de travail ; ils ne se doutent de rien. Un de leurs capitaines disait : « Ils me font pitié, je n'ose pas les réveiller. »
Cependant les trois lieutenants, commandant chacun une section à 200 m d'intervalle environ, savent depuis 10 heures ce qui va se passer et ils se promènent pensifs dans la tranchée. A quoi servira cette attaque, se disent-ils ; nous ne pourrons jamais arriver au but, car les réseaux de fils de fer nous en empêcheront et par suite nous sommes tous destinés à nous faire tuer sur place... Mais que faire ? L'ordre d'attaquer est formel, il faut marcher. L'un d'eux avisant le téléphoniste de son secteur lui dit : « Passe-moi ton fusil et ton équipement, je veux faire le coup de feu avec mes hommes et comme eux. » Puis : « Voici quatre lettres d'adieux que tu enverras ce soir chez moi si tu peux t'en tirer. »
A 2 heures, tous trois adressent quelques mots à leurs hommes pour les exhorter à marcher droit et vite et à sacrifier leur vie pour l'avenir de la France.
Cependant, voyant plus clair que leurs hommes, ils s'aperçoivent avec terreur qu'à 2 h 30, malgré la précision du tir de notre artillerie, les fils de fer y sont toujours et sur la même profondeur d'une dizaine de mètres environ.
A ce moment la fusée signal est lancée par le commandant de l'attaque. Aussitôt, des trois points en question, chacun à sa place, les lieutenants, l'un revolver au poing, l'autre baïonnette au canon comme un soldat, s'élancent hors de la tranchée aux cris de : « Baïonnette au canon » ; « En avant » ; « A l'assaut » ; « Pour la France » ; et l'un d'entre eux entonne *La Marseillaise* accompagné de ses hommes...
Des trois points les petits groupes s'avancent en criant et chantant baïonnette en avant, au pas de gymnastique vers la tranchée boche où ils doivent converger. Chaque groupe

est ainsi constitué : un lieutenant, derrière lui, six sapeurs du génie, sans fusils, armés de boucliers d'une main, d'énormes cisailles de l'autre (pour couper les fils de fer). Derrière eux toute la section, et fermant la marche, six sapeurs portant des pelles et des pioches, pour travailler sitôt arrivés dans la tranchée boche à la défense de celle-ci.

C'est sublime, « sublime » de voir cet élan enthousiaste chez des hommes assez âgés, en campagne depuis de longs mois et allant tomber volontairement (parce que c'est l'ordre) dans les pièges qu'ils connaissent si bien et où ils ont laissé tant d'amis.

Successivement, chacun des trois lieutenants tombe frappé mortellement à la tête : les hommes, tel un château de cartes dégringolent tour à tour ; ils continuent tout de même : quelques-uns arrivent jusqu'aux fils de fer : ils sont trop gros hélas ! Leur sergent tombe, un autre aussi. Que faire ?... Avancer ? Impossible ! Reculer ? De même... et, tandis que froidement, à l'abri de leurs tranchées et de leurs boucliers, les Allemands visent et descendent chacune de ces cibles vivantes, les hommes se couchent là, grattant la terre de leurs doigts pour amonceler un petit tas devant leur tête et tâcher ainsi de s'abriter contre les balles.

Voyant l'impossibilité d'avancer, le commandant leur envoie un homme, agent de liaison pour leur dire de se replier en arrière dans leur tranchée : celui-ci en rampant à plat ventre arrive à transmettre l'ordre : « Pouvez-vous vous replier si c'est possible ? » Hélas ! non, on ne peut ni avancer, ni reculer. Il faut attendre la nuit.

A la nuit, je vais à B. pour aider mes collègues, les blessés arrivent peu à peu au nombre de quarante-quatre. Les trois lieutenants, dont le sous-préfet d'Orange, ont été tués : ce dernier que j'ai reçu avait une balle dans le front.

Admirable de stoïcisme, aucun blessé ne se plaint de son sort et de l'inutilité de cette attaque au cours de laquelle il a été si affreusement mutilé. Que d'horribles blessures : l'un a le poumon qui sort et il ne se plaint pas, l'autre a des débris de cerveau sur son cou et ses épaules et il veut marcher : « Je veux qu'on me porte », dit-il. L'un, blessé à 3 endroits et reblessé pendant qu'on le transportait, se tournant vers moi pendant que je lui mettais un rapide appareil de fortune à sa jambe gauche cassée, me dit simplement ceci : « Ce qu'il faut souffrir pour la France. » Je ne pus retenir mes larmes... [...]

Ne crois-tu pas, chère Marie, que tous ces morts quels qu'ils soient doivent aller droit au ciel après de semblables actes d'héroïsme et ne crois-tu pas odieux, honteux, scandaleux, que Messieurs les Députés à la Chambre veuillent refuser ou même discuter l'attribution d'une « croix de guerre » à ces hommes, tous des héros, sous prétexte qu'il faut qu'ils soient cités à l'ordre de l'armée... Pour eux l'ordre du jour de la Division n'est pas suffisant. Ô injustice et ingratitude humaines ! Tandis que vous vous promenez dans les rues ou les lieux de plaisirs de Paris, tandis que, mollement assis dans un bon fauteuil de velours, au coin d'un bon feu, à l'abri de la pluie et scandalisés si un grain de poussière ou une goutte d'eau viennent ternir l'éclat de vos bottines, vous discutez pour savoir si l'absinthe est un poison ou si le mot « bar » est mieux que « débit de boissons » ou « établissement », tandis que loin du danger vous vous demandez d'un air fâché et dédaigneux : « Qu'est-ce qu'ils font donc ? Pourquoi n'avancent-ils pas ? Si j'étais au feu je ferais cela... », pendant ce temps, Messieurs les Députés, vos concitoyens français, vos frères, les fantassins dont le nom seul évoque on ne sait pourquoi le mépris le plus grand, les soldats en général sont en train de recommander leur âme à Dieu avant d'accomplir « dans l'ombre » sans rien attendre de la postérité le plus grand des sacrifices, le sacrifice de leur vie... Et c'est vous qui êtes si prompts à vous décerner mutuellement des décorations plus ou moins méritées par quelque beau discours ou quelque puissant appui, c'est vous, dis-je, qui refusez d'accorder à nos soldats la petite « croix de guerre » si vaillamment méritée ; bien petit dédommagement, en vérité, pour une jambe ou un bras de moins, qu'un petit morceau de métal suspendu à un ruban quelconque, mais ce sera pourtant tout ce qui restera dans quelques années d'ici pour rappeler la conduite sublime de ces malheureux estropiés que le monde regardera d'un œil dédaigneux.
De plus, c'est si simple et ça ferait tant de plaisir à ces braves, ça stimulerait tant le courage des autres... Certes, ce n'est pas pour ça qu'ils se battraient, mais ce serait tout de même une juste récompense.
Alors que nos ennemis distribuent à tort et à travers des croix de fer de cuivre ou de bronze, nous nous montrerions si parcimonieux.
Excuse mon bavardage, ma chère Marie, mais je suis écœuré de toutes ces discussions à la Chambre.

Et que penser (tant pis si la censure arrête ma lettre), je ne cite d'ailleurs pas de noms, que penser de certains chefs qui lancent des hommes sur un obstacle insurmontable, les vouant ainsi à une mort presque certaine et qui semblent jouer avec eux, comme on joue aux échecs, avec comme enjeu de la patrie, s'ils gagnent, un galon de plus.
Ne te scandalise pas, ma chère Marie, je t'écris encore sous le coup de l'émotion d'hier et de cette nuit et bien que je n'aie pas du tout pris part à cette lutte, j'ai été très touché ainsi que d'ailleurs tous les officiers même supérieurs qui sont ici ; l'un d'eux ce matin en pleurait de rage et de pitié.
Ne crois pas d'ailleurs que mon moral soit atteint le moins du monde, il est excellent...

Maurice

Henri Jacquelin avait trente ans en 1914. Il habitait Quimper. Agrégé de lettres et d'histoire, ancien élève de l'Ecole normale supérieure, il avait été réformé pour myopie lors de son service militaire, mais il s'engagea comme simple soldat dès le jour de la mobilisation, à l'exemple de ses trois frères. Gravement blessé pendant la première bataille de la Marne en septembre 1914, il fut soigné pendant plus de deux ans et renvoyé au front comme mitrailleur en mars 1916. Versé ensuite dans l'infanterie d'accompagnement des chars d'assaut, il fut tué à Tahure le 26 septembre 1918, moins de deux mois avant la fin de la guerre. Sa femme Henriette resta seule avec son fils Riquet, né en novembre 1911.

27 septembre 1915

Cher père,

Ta lettre m'est arrivée dimanche et je te remercie, mon cher Papa, de la tendre et de l'ingénieuse affection avec laquelle tu essayes de me donner le plus ingrat des courages, celui de n'être qu'un pauvre malade inutile, à l'heure où mes frères sont au danger et où de grandes choses glorieuses s'accomplissent. Les souvenirs de l'an passé ne sont point faits pour me rendre patient. J'ai connu la joie héroïque de se battre, de remonter la route victorieuse. C'est ce qui me donne le mortel regret d'être ici.
Mais je tâche d'oublier ces nobles heures, et de m'oublier pour ne sentir que la joie, presque l'ivresse de nos derniers communiqués. Je suis comme hors de moi. Je ris et je

trinque avec mes compagnons de maladie. Nous chantons ensemble *La Marseillaise.*
Dix mille puis vingt mille prisonniers ; notre terre reconquise. Tout ce cliquetis me donne la fièvre et m'ôte le sommeil, et Dieu me garde de faire le poète quand j'écris à mon père, mais je sens tout ce qu'il y a de France qui se lève en moi, comme le brouillard du matin sur la terre obscure, et jamais je n'ai éprouvé un sentiment si vif, si passionné et si délicieux d'être un homme de mon pays. Pourquoi, pourquoi suis-je ici loin de la bataille ? Mon vieux régiment est au cœur de la fête, du côté de Mesnil, et déjà il paraît qu'il a bravement fait son devoir. On cite des blessés et des morts. Mon cœur est là-bas avec eux... et j'envie Marcel qui est dans la mêlée, et Charles qui est dans le canon. Parle-moi d'eux dès que tu auras de leurs nouvelles, je sais trop qu'ils ne sont pas moins au danger qu'à l'honneur. J'ai une telle envie de guérir qu'elle commence à opérer. Peut-être, en dépit du plus galonné des majors, ne sera-t-on pas obligé de me rouvrir et de me recouper. Chaque jour, je rends en détail quelques parcelles de ma côte avariée. Il passe de fréquentes inspections et ce matin encore un médecin m'a recommandé la patience et promis la guérison. Je l'ai cru aussitôt sur sa croix de commandeur et ses étoiles de brigadier. Je suis prêt à tout pour en finir. Mais si je puis m'en dispenser, j'aime autant ne pas repasser sur la table d'opération ! Sur le « billard » comme l'appellent nos poilus. On me panse tous les matins, on me sature d'iode. Je passe ma matinée dans les journaux et l'après-midi sur la grande plage d'automne, pluvieuse et désolée. La mer est belle, d'une beauté triste. L'équinoxe roule ses lourdes marées jusqu'au pied des falaises.

Henri

Fils d'une lavandière et d'un manouvrier, Désiré Edmond Renault était né le 12 mai 1891 à Esmans, dans le canton de Motereau en Seine-et-Marne. Il était pâtissier et fut mobilisé alors qu'il allait achever son service militaire qui avait duré trois ans. Il appartenait à la 10e compagnie du 77e régiment d'infanterie. Grièvement blessé le 22 août 1914, il resta quatre ans en captivité. Après la guerre, les séquelles de ses blessures l'empêchèrent d'exercer son métier, et il ne retrouva pas sa fiancée qui après sept ans d'attente avait perdu patience. Il devint garde champêtre et grainetier.

22 août 1914

Combat commencé au point du jour. Toute la journée je me bats, je suis blessé très légèrement une première fois, une balle traverse mon sac placé devant moi, me blesse à la main, perce ma capote et m'érafle la poitrine. Je prends cette balle, que je montre à un camarade, Loiseau Marcel, et je la mets dans mon porte-monnaie. Je continue le combat, lorsque mon camarade Loiseau est atteint à la jambe. Je vois aussi mon lieutenant tomber traversé par une balle. Le combat continue, une grande quantité de mes camarades sont couchés morts ou blessés autour de moi. Vers les trois heures de l'après-midi, alors que je suis en train de tirer sur l'ennemi qui occupe une tranchée à deux cents mètres de moi, je suis atteint d'une balle au côté gauche, je ressens une grande douleur, comme si l'on me brisait les os. La balle m'a traversé dans toute ma longueur en passant par le bassin et s'est logée au-dessus du genou. Aussitôt je ressens une grande souffrance et une fièvre brûlante.

Les balles continuent à pleuvoir autour de moi, je risque d'être de nouveau atteint ; je fais donc tout mon possible pour me traîner dans un trou, j'ai bien du mal à m'y blottir.

Le combat est terminé, tous mes camarades ont battu en retraite, et nous les blessés, nous restons abandonnés, sans soins, mourant de soif.

Quelle affreuse nuit !

Rien que la fusillade, car à chaque bruit que fait un blessé, la fusillade reprend, au beau milieu de la nuit, la mitrailleuse balaye le terrain, les balles me passent par-dessus la tête, mais elles ne peuvent plus m'atteindre dans mon trou, la soif me torture de plus en plus, j'arrache des poignées d'avoine que je mâche.

Le canon ne cesse de gronder car les Allemands bombardent la ville de Longwy.

La nuit s'avance, comme je souffre, je pense alors à mes parents, surtout ma mère, comme quand j'étais malade et que j'étais tout petit, et je ne suis pas seul à penser à ma mère, car j'entends les blessés et les mourants appeler leur maman.

Enfin, la nuit s'achève, le petit jour commence à paraître, soudain j'entends le pas de chevaux, et un peu après je distingue deux cavaliers allemands. Ils sont à quatre cents mètres de moi ; plusieurs blessés les appellent et leur demandent à boire ; brusquement ils arrêtent leurs chevaux et sautent à terre. Je n'ose plus bouger de mon trou, la matinée me semble bien longue, je souffre toujours de la soif... Souvent je sors la tête hors de mon trou pour voir s'il ne vient pas des personnes pour nous ramasser, mais je ne vois toujours rien ; une nouvelle torture vient aussi s'ajouter aux autres : depuis que le soleil s'est levé, les mouches attirées par l'odeur du sang s'acharnent après moi, elles sont si méchantes que je ne peux m'en débarrasser.
Vers 2 heures de l'après-midi, j'entends un bruit près de moi, il me semble qu'un homme se traîne, je veux lever la tête pour voir, mais je n'y peux parvenir, je suis trop faible, mais le bruit se rapproche, et arrive près de moi.
C'est un blessé qui se traîne sur le champ de bataille, pour chercher à boire dans le bidon des morts, car il meurt de soif ; je reconnais en lui un camarade de la 11e compagnie, blessé au pied, il se couche auprès de moi, je suis bien content d'avoir un compagnon, depuis si longtemps que je suis seul.
Il me raconte qu'il a assisté au tir du point du jour. Il en est encore épouvanté ; nous passons ensemble plusieurs heures quand soudain mon camarade me dit qu'il voit plusieurs personnes ; il se met à genoux et les appelle de toutes ses forces, elles ont entendu et viennent à nous. Ce sont des jeunes filles de la Croix-Rouge et deux infirmières emportent mon camarade ; les jeunes filles me prennent par les bras et les jambes, et veulent m'emporter, mais les coups de fusil éclatent, car ils veulent pas que les infirmières me ramassent ; comme je crains de les voir blesser je les prie de m'abandonner, mais elles ne veulent pas ; elles m'emportent ; quelques minutes après, je suis en sûreté, à l'entrée de Longwy l'on m'installe dans une automobile qui m'emporte à l'asile Marlame qui est un orphelinat où plusieurs salles ont été aménagées pour recevoir et soigner des blessés ; une bonne sœur me fait mon pansement avec beaucoup de soin. Comme je souffre beaucoup, le docteur me fait une piqûre de morphine.
Un prêtre aussi vient m'encourager.
Je passe une bien mauvaise nuit, le canon qui ne cesse de

gronder, et les obus qui éclatent très près me font bien souffrir. Les infirmières, les infirmiers et les sœurs nous soignent avec beaucoup de dévouement jour et nuit.
Lorsque, le 25 août à midi, un obus vient tomber dans la salle, personne ne s'y attendait, il fait donc un affreux massacre.
La sœur supérieure est atteinte en pleine poitrine, deux infirmiers, deux soignés, plusieurs infirmières sont tués net. Dans leurs lits, plusieurs de mes camarades sont blessés ; d'autres obus continuent à éclater, c'est une épouvantable panique, les infirmiers, les infirmières et les moins blessés se sont réfugiés dans une cave.
Seule une brave sœur est restée avec nous. Les obus continuent à tomber sur l'asile. La brave sœur, toute seule, ne peut nous transporter, elle va dans la cave chercher des infirmiers, mais elle ne peut les décider à venir à notre secours, seul le vieux jardinier et une petite infirmière viennent nous chercher, un par un, ils nous descendent dans la cave.
Mon tour arrive mais ce n'est pas un transport bien facile ; il faut que la brave sœur et le vieux jardinier aient bien du courage ; ils m'ont installé sur une chaise, et par-dessus les corps des morts qu'il faut enjamber, les murs écroulés, les débris de toutes sortes.
La brave sœur qui m'a sauvé veut retourner dans les salles : un blessé est resté dans son lit et va périr écrasé sous les éboulements ; les femmes et les enfants ne veulent pas la laisser sortir de la cave car c'est aller à une mort certaine, et puis ils lui disent que c'est un Allemand. « C'est un homme », répond la brave sœur, et elle sort, suivie du vieux jardinier. Quelques instants après, elle redescend, elle porte courageusement avec le jardinier, son lourd fardeau, le malheureux est sauvé. Mais il était temps, car tout croule, au-dessus de nous. Une minute de plus, la brave sœur et le vieux jardinier étaient victimes de leur dévouement.
Pendant plusieurs heures qui nous semblent des siècles, nous restons dans cette cave, qui, heureusement pour nous est très solide.
L'on entend la prière, car, dans ce véritable tombeau, tout le monde prie.
Ma blessure me fait souffrir, car le transport m'a fait bien du mal ; je vois que tous mes camarades souffrent beaucoup aussi, car la fumée de la poudre vient par moments nous

asphyxier à l'envi. [...] Sur le soir l'on nous apprend une horrible nouvelle : au-dessus de nous l'asile brûle ; les obus ont mis le feu, c'est un véritable brasier ; puis le feu tombe par les soupiraux et enflamme la paille sur laquelle nous sommes couchés. Alors c'est un véritable sauve-qui-peut, les femmes, les enfants, les vieillards et les moins blessés se sont enfuis, et moi qui ne peux faire un mouvement, je reste abandonné avec plusieurs de mes camarades, le feu se rapproche de nous. Alors, je me traîne, jusqu'au bas des marches, mais quelle souffrance j'ai endurée ! je crache du sang à pleine bouche. Enfin, plusieurs hommes et des soldats arrivent, un jeune homme me charge sur son dos et me sort du brasier avec bien des difficultés, car l'entrée est à moitié obstruée par les décombres tout embrasés ; enfin nous voilà sortis, nous sommes à 100 mètres à peu près de l'asile tout en flammes, lorsqu'un obus passe au-dessus de nos têtes en sifflant, il va éclater devant l'asile, l'explosion a fait rouler mon sauveteur qui se relève et s'enfuit malgré mes supplications de m'emporter, mais il n'entend rien, il court à toute vitesse, je suis encore abandonné couché dans un ruisseau.

Tout autour de moi, je ne vois que des maisons en flammes ; par instants un obus éclate dans ces brasiers et projette le feu à une très grande distance.

Je ne suis pas très longtemps là, à peine un quart d'heure ; je vois passer un homme en courant, je l'appelle, il vient à moi, me charge sur ses épaules et m'emporte. [...]

L'hôtel où m'a apporté ce brave est un hôtel thermal transformé en ambulance de la Croix-Rouge, là plusieurs obus sont tombés, donc tous les blessés sont dans des caves ; l'on m'installe dans un bon lit, dans une grande salle où sont déjà une dizaine de mes camarades, car il n'y a plus de place dans les caves. Le bombardement continue jusqu'au lendemain à 2 heures de l'après-midi ; le fort est complètement démoli, l'hôpital de siège aussi, la garnison ne peut plus résister, elle a courageusement lutté jusqu'au bout, le bombardement ininterrompu a duré six jours et cinq nuits. Le commandant fait hisser le drapeau blanc. Les larmes aux yeux, il rend la place qui n'est plus qu'un monceau de ruines, pas une maison ne reste, là où s'élevait quelques jours avant la belle ville de Longwy.

C'est un grand soulagement pour nous pauvres blessés, les braves sœurs, les infirmiers et infirmières remontent les

blessés des caves et les installent dans les salles du magnifique hôtel. Les docteurs nous font nos pansements. Nous en avons bien besoin, car depuis plusieurs jours, cela ne leur était pas possible ; [...]
Lorsque les Allemands nous prennent pour nous emmener prisonniers dans leur pays, tous ces braves gens pleurent. J'ai le cœur bien gros de quitter la France.
Les Allemands nous emmènent à la gare. Bien des braves gens nous apportent leurs dernières douceurs et leurs encouragements.
Je suis installé dans un wagon à bestiaux, couché sur un peu de paille, et le train part lentement au milieu de la foule qui pleure. [...]

Désiré

Blessé le 9 septembre 1914 par un éclat d'obus, pendant la première bataille de la Marne, Léon Hugon fut envoyé à l'hôpital de Tulle où il mourut du tétanos le 22 septembre 1914, le jour de l'anniversaire des vingt-cinq ans de sa femme Sylvanie, qui restait seule avec un petit garçon de deux ans et demi. Le même jour, Alain-Fournier mourut dans une embuscade dans le petit bois de Saint-Rémy-la-Calonne.

Tulles, le 18 septembre 1914
Bien chère Sylvanie,
Je ne peux pas m'empêcher de te dire que je suis dans une très mauvaise position, je souffre le martyre, j'avais bien raison de te dire avant de partir qu'il valait mieux être mort que d'être blessé, au moins blessé comme moi.
Toute la jambe est pleine d'éclats d'obus et l'os est fracturé. Tous les jours quand on me panse, je suis martyr, lorsque avec des pinces, il m'enlève des morceaux d'os ou des morceaux de fer.
Bon Dieu, que je souffre ! Après que c'est fini, on me donne bien un peu de malaga, mais j'aimerais mieux ne pas en boire.
Je ne sais pas quand est-ce qu'on me fera l'opération.
Il me tarde bien ~~de quitter et~~ qu'on en finisse d'un côté ou de l'autre.
En plus de ça, je suis malade ; hier, je me suis purgé, ça n'a rien fait, il a fallu qu'on me donne un lavement. On

doit m'en donner un autre ce soir, je ne sais pas si on l'oubliera pas, peut-être ça me fera du bien.
Enfin, je suis bien mal à mon aise, pas pouvoir se bouger, j'ai de la peine à prendre le bouillon sur ma table de nuit. Je t'assure que c'est triste dans ma chambre, nous sommes vingt-neuf, personne ne peut se bouger, des jambes cassées et des bras ou de fortes blessures et presque tous des réservistes comme moi.
Je te dirai que je passe des mauvaises nuits, si l'on m'avait évacué jusqu'à Agen, tu serais bien venue me soigner et je serais été content d'être auprès de toi. Et toi aussi, ma chère Sylvanie, de me voir, ça serait été triste et une joie, pas comme si je n'avais pas été blessé ; mais que faire, c'est ma destinée. Maintenant, je suis dans le pétrin et pour s'en sortir, je ne sais pas trop comment ça finira.
Enfin, ma chère Sylvanie, je te dis tout maintenant, j'ai pas voulu te le dire à la première pour ne pas te vexer, mais je vois que je suis obligé de t'aviser de ma situation.
Ne te fais pas de mauvais sang, je m'en fais pas parce que je suis pas seul, vis en espoir et si jamais je reviens, je verrai mon fils grandir, que je le dresserai pour travailler le bien de Vinsot et moi on me fera bien une pension.
Je crois que je la gagne, quand bien même que je ne pourrais pas trop travailler, ça nous aiderait pour vivre.
On ne serait pas encore trop malheureux et Gaston commencerait de travailler. Il y en a bien qui n'ont qu'une jambe et qui travaillent.
Il faut espérer que tout ce que je dis là arrive. Prie Dieu pour moi, qu'il me délivre de la souffrance.
Je t'embrasse bien fort sur chaque joue avec Gaston le petit chéri.

Ton cher ami
HUGON Léon

Le « cousin Pelou » est un poilu auvergnat qui écrivait régulièrement à sa tante, Marthe Pelou, qui était agricultrice, et dont le mari sera tué sur le front en 1916.

19 juillet 1915
Très honorée cousine,
Santé excellente, rien à demander au Créateur là-dessus.

Situation militaire inchangée, ouragan de fer et de feu dans l'atmosphère. Secteur effroyable, théâtre de continuels engagements, chaque jour attaques acharnées dans l'un ou l'autre camp. Le spectacle est unique, tragique, magnifique, la nuit, l'univers est embrasé, le bruit fantastique et terrifiant. Le corps tremble, des émotions vives et soudaines transpercent le cœur comme une flèche aiguisée, l'âme affolée erre dans un enfer et dans un anéantissement se recommande à Dieu.

Ce n'est pas gai, mais la fournaise éteinte, le ciel apaisé, les Titans fatigués, le calme rétabli, la bonne humeur reprend ses droits, chacun sort de son trou, heureux de vivre, de retrouver ses voisins, la vie reprend plus active, on répare les dégâts, les piquets broyés sont remplacés, les plaisanteries recommencent. Les Français sont admirables, comme les Gaulois, leurs ancêtres, ils sont orgueilleux par leur caractère.

Moi je suis en seconde ligne, mes hommes occupent une cave que les obus n'ont jamais pu enfoncer. Ils causent, chantent, rient, fument, dorment, écrivent, lisent. Pendant ce temps, mon capitaine me taquine, je viens de perdre à la manille, mon amour-propre est blessé par cet échec et par les bouteilles de bon vin que je suis obligé de payer. Qu'on dort bien dans ce taudis à dix mètres sous terre ! C'est un vrai cachot où l'on arrive par des galeries en zigzag et en escaliers imprévus. C'est une habitation curieuse, ténébreuse, un bouge infâme, un affreux tripot, un fumoir exigu mais confortable, héritage bienvenu et providentiel qu'un colonel ennemi nous a abandonné à son grand regret, un jour que le vieux bon Dieu, ami de Guillaume, châtiait les fils de la Germanie. *Gott war nicht mit uns.* Ici, comme dans une grotte bénie, brûlent en permanence des bougies dédiées à je ne sais quel saint du Paradis.

A part les événements tragiques qui sont la monnaie courante de notre existence, nous ne sommes pas mal. Ravitaillement parfait, copieux, excitant pour des poilus robustes et bien plantés. Séjour à l'arrière agréable, l'homme se sent revivre et veut profiter des courts moments de répit en laissant les passions se donner libre cours. Les fredaines ne se comptent pas, elles s'étalent au grand jour. La chair est faible, la nature agit irrésistiblement, une indulgence bienveillante et salutaire absout toutes les fautes. Telle femme qui avoue professer une estime et une amitié sans

bornes à un mari absent se montre caressante, pressante et se donne plusieurs fois par jour. Au fond, c'est peut-être une façon logique de comprendre la vie.
Bien des choses agréables à tout le monde. Au revoir. Je t'embrasse.

Ton cousin Pelou

Je n'ai besoin de rien.

P.-S. : L'autre jour, j'ai défendu un poilu récalcitrant au conseil de guerre. Malgré ma plaidoirie, sept ans de travaux publics.

Florilège premier été

Février 1904

Les lauriers de la victoire flottent à la pointe des baïonnettes ennemies. C'est là qu'il faut aller les prendre, les conquérir par une lutte corps à corps si on les veut. Se ruer, mais se ruer en nombre et en masse... Se jeter dans les rangs de l'adversaire et trancher la discussion à l'arme froide... Marcher vite, précédé de la grêle de balles... Une infanterie sur deux rangs fournit la puissance des feux et la facilité de la marche...

Ferdinand FOCH, *De la conduite de la guerre*

6 septembre 1914

Aux armées

Au moment où s'engage une bataille ~~qui peut être décisive~~ dont dépend le sort du pays, il importe de rappeler à tous que le moment n'est plus de regarder en arrière ; tous les efforts doivent être employés à attaquer et refouler l'ennemi. ~~Dans les circonstances actuelles, aucune défaillance ne peut être tolérée.~~ Une troupe qui ne peut plus avancer devra, coûte que coûte, garder le terrain conquis et se faire tuer sur place, plutôt que de reculer. Dans les circonstances actuelles, aucune défaillance ne peut être tolérée.

JOFFRE

3 août 1914

Je pars avec de bons souliers et des habits superbes, je n'ai que moi à défendre, je ferai de mon mieux. C'est égal, je ne l'aurai pas cru !

Étienne TANTY

5 août 1914

L'emballement, l'enthousiasme braillard et provocant me manquent absolument, et les idées de revanche, de vengeance, de grandeur nationale sont pour moi toujours fausses et barbares. Mais on nous attaque, les Allemands viennent saccager notre pays, quand ils auront passé la Champagne, ils viendront chez nous et ce sont nos familles qui seront leurs victimes. Tant pis pour eux !

Étienne TANTY

14 août 1914

Il est 3 heures : tout le monde debout et équipé et nous voilà, fusils à la bretelle, en route vers la gare. Nos pas sonores réveillent plusieurs Brestois et Brestoises qui viennent en corps de chemise nous applaudir, troublant le grand silence qui régnait dans la ville à cette heure matinale. A la gare la foule s'est réunie et les applaudissements recommencent de plus belle.
Le 15 août, à 9 heures du matin, nous arrivons à la gare des Invalides, à Paris. [...] La foule parisienne accourt pour nous applaudir, un agent prend la tête pour nous conduire et nous voilà en route. La foule grossit à mesure que l'on s'avance et bientôt les rues ne sont pas assez larges pour nous laisser passer.

Joseph CRÉOFF

2 août 1914

J'ai embrassé mes camarades et le sergent tout à l'heure au départ. Combien reviendront ? Je suis écœuré par ce que je vois. Un commandant absolument abruti : il perd ses gants et son carnet en cinq minutes et m'explique vaguement qu'il est très fatigué du voyage, pendant que je le conduis chez le tailleur changer d'écusson. Quel commandant ! On peut trembler en voyant cela et aussi tous ces réservistes, saouls, qui se vautrent sur le trottoir en bas. Et pourtant : *en avant !* Si je ne me battais pas, je souillerais à jamais toutes mes heures futures. Plus de joies pures, plus d'enthousiasme, plus d'exaltation pour le Beau. Car je rougirais d'avoir tremblé pour ma vie ! Pour oser regarder le soleil mourir sur la mer, il faut avoir osé soi-même regarder la mort en face.

Maurice MARÉCHAL

Septembre 1915

Rencontre Balat. Il a aussi un couteau de charcutier, il y en a 50 par compagnie. C'est la guerre au couteau au XXe siècle. A quoi serviront-ils ? A finir les blessés enfin. C'est terrible ce qui va se passer.

Georges RIPOULL

8 août 1914

Toute la population était rue de Normandie, et les bonnes femmes nous regardaient avec un air si consterné et si désespéré que parfois on avait envie de rire. Il faisait un temps étouffant. L'après-midi a été, pour la plupart des hommes, une occasion d'aller se soûler, en sorte qu'à 17 h 45, au moment de rassembler la compagnie, ce fut un spectacle qui eût été comique, mais qui n'était que lamentable. Les deux tiers largement ne savaient plus où ils en étaient, ils perdaient tout, ils bouleversaient tout, ils ne tenaient plus debout, s'amenaient à moitié équipés, en gueulant. La nuit était venue, il commençait à pleuvoir.

Étienne TANTY

18 mai 1918

Tu me dis que tu vas faire nos treuffes au mois de juin cette année. Tu as donc envie que ce soit moi qui t'aide à les sarcler. Ou tu feras couper ton foin avant. Ces jours-ci, il sécherait bien. Il doit y avoir de l'herbe dans les prés. L'ouche des Tourniaux sera bientôt bonne à faucher. [...]

As-tu vendu des pommes de terre. Si j'étais à ta place, moi, ma petite Lucie, je ferais beaucoup de Noires. Elles donnent encore beaucoup plus que les autres et [sont] faciles à arracher. Vivement demain matin pour te lire. Je serai peut-être embrassé davantage que sur les autres lettres. J'espère qu'avec ce beau temps vous arrivez tout de même au bout de votre ouvrage. Ce n'est pas la première fois qu'au 20 mai elles ne sont pas finies. Ça n'empêche pas des fois de bien récolter. En 1910, je les ai finies le 6 juin.

Tu ne m'as pas dit si celles de la petite Chaîntre s'étaient bien faites et nos avoines sont-elles bien levées. Raconte-moi donc un peu comme c'est et si le blé de la Chaîntre aux Grains s'est refait un peu le poil. Tu dois avoir du joli seigle et pour le moment bien épié. Baptiste et Mimi doivent être bien déçus que leur sursis n'a pas réussi. Sans cela les foins se seraient bien rentrés et la moisson aussi.

Jean DRON

Mercredi 2 juin 1915

Quand papa fera sa bouillie bordelaise, qu'il n'oublie pas de faire un bon lait de chaux dans un grand cuvier sans y ajouter de l'eau comme nous le faisions dans les débris du premier lait, cela fait tourner la pièce, il vaut mieux le faire fort dès la première fois et en avoir de reste que de rajouter de l'eau blanchie sans efficacité, il me dira s'il a compris et les résultats sur votre prochaine lettre.

X

12 juin 1915

Ce que vous ne pourrez pas faire, laissez-le sans regret. Surtout pour le foin : les vaches faucheront bien ce que tu ne pourras pas faire faucher. Laisse accomplir cette affreuse chose.

Jean DRON

29 juillet 1914

Il faut bien envisager la réalité, sans se monter la tête : la guerre est comme la fièvre typhoïde ; il faut la fuir, mais si on l'attrape, il faut lutter.

Étienne TANTY

1914

Pendant cette marche en avant, l'adjudant Pesnel veut obliger des soldats couchés à se lever pour avancer. D'un coup de pied, il pense être obéi, mais aucun sursaut ne répond ; il se baisse et s'aperçoit que ce ne sont plus que des cadavres. Ces soldats ont été tués pendant qu'ils tiraient à plat ventre et sont restés tels. Cela nous impressionne tout de même un peu...

Pierre CHAUSSON

Lundi 7 septembre

Je chantais Victoire, Victoire. Ma jeune poitrine respirait à pleins poumons, je buvais l'air frais, je buvais les nouvelles : 44 canons pris ce matin, les Allemands repoussés de 15 kilomètres. J'avais vu des blessés ce matin à la ferme, j'avais donné à boire à tous. Il y avait peut-être une centaine d'Allemands et des Français. Et voilà que pour la première fois nous allons de l'avant. Et toute ma belle joie enfantine est envolée. Là un lieutenant du 74e, là un capitaine du 129e ; de tous côtés par groupes de 3, 4, quelquefois isolés et encore dans la position du tireur couché, gisent les pantalons rouges. Ce sont les nôtres, ce sont nos frères, c'est notre sang. On en amène un : il n'est pas mort, mais une plainte, qui n'est plus qu'un râle, sort, vagissement ininterrompu. Pauvre petit, sans soutien, qui n'a pas de maman pour le consoler. Il a une plaie béante à la tête, il va mourir. J'ai vu sa médaille « Louis Barrière, 4e Bureau, 1913 », il a 20 ans. Plusieurs sont adossés à des arbres le long de la route, on s'occupe peu d'eux. Il n'y a rien à faire, n'est-ce pas ! Le pansement individuel, et c'est tout. Ah ! Horribles gens qui avez voulu cette guerre il n'y a pas de supplices dignes de vous ! Hier, derrière le mur d'une ferme, j'avais vu, sac au dos, un réserviste du 129e, fusillé le matin : il avait volé une poule.

Maurice MARÉCHAL

20 septembre 1914

Nous venons de passer une terrible semaine. D'ailleurs, depuis notre départ de la Francheville, il me semble qu'il n'y a plus ni nuit ni jour, c'est la même journée qui se prolonge à travers la lumière et l'ombre, parmi les marches forcées et les combats, parmi les souffrances physiques et morales. La réalité dépasse notre imagination et cela me paralyse d'écrire. Aussi je laisse toute cette histoire que je vous dirai, s'il m'est jamais permis de revenir au monde.

Étienne TANTY

pons à tout. Il y avait peut-être une centaine d'Allemands et ces [illegible] Il y a [illegible] qui pose les [illegible] nous [illegible] avant. Et toute ma belle [illegible] est encore [illegible] [illegible] [illegible] après [illegible] [illegible] [illegible] [illegible] [illegible] [illegible] [illegible] dans la [illegible] [illegible] [illegible] les [illegible] [illegible] [illegible] [illegible] [illegible] [illegible] [illegible] qui n'est plus qu'un [illegible] [illegible] [illegible] [illegible] [illegible] [illegible] qui [illegible] [illegible] pour se consoler [illegible] plus [illegible] [illegible] [illegible] Louis Barrière [illegible] [illegible] 20 ans. Plusieurs sont [illegible] [illegible] [illegible] [illegible] il n'y a rien [illegible] [illegible] [illegible] [illegible] [illegible] [illegible] [illegible] [illegible] [illegible] [illegible] [illegible] [illegible] [illegible] [illegible] [illegible] du 129 [illegible] il avait [illegible] une [illegible]

Maurice Marcel

[illegible] 1916

Nous venons de passer une [illegible] semaine [illegible] [illegible] [illegible] [illegible] [illegible] [illegible] [illegible] [illegible] [illegible] [illegible] [illegible] [illegible] [illegible] [illegible] [illegible] [illegible] [illegible] les [illegible] [illegible] La [illegible] [illegible] [illegible] [illegible] [illegible] [illegible] [illegible] [illegible] [illegible] [illegible] [illegible] [illegible] [illegible] [illegible] [illegible] [illegible] [illegible]

Chapitre 2

Automnes

Automnes, saisons de pluie, de terre et de feuilles mortes. Saisons des lignes de front et des hommes qui s'enterrent, entre la mer et la montagne, comme pour franchir à tempérament une partie du chemin qui mène vers la tombe. Automnes, saisons de la mort. Saisons des jours qui raccourcissent. Saisons des blessures infectées. Tranchées taillées à vif dans la glaise humide des coteaux et des plaines, tranchées taillées à blanc dans des bataillons de chair humaine, dans la peau tendre des cous, des ventres et des poignets. Saisons de la souffrance et des corps mutilés. Agonie des blessés qui appellent une mère trop lointaine. Cris des blessés qu'on achève ; suaires de brume qui suintent au ras du sol. Charniers sans nombre où les hommes pourrissent. Visages couchés sous les feuilles. Bataille ! Bataille ! Saison des chevaux morts et des corbeaux qui passent. Fête des morts. Cimetières défoncés. Cimetières improvisés. Souvenir anticipé de ceux qui vont encore mourir. Saison du marbre qui viendra plus tard sceller la gueule terreuse des fosses communes. Automnes, saisons de ruines, saisons des deuils et des forêts humides. Saisons du déclin. Saisons de l'acier qui rouille et du métal tordu. Saisons des vendanges. Un million de morts français après seulement cinq mois de guerre : un quart des mobilisés de la première heure... Saisons des veuves voilées, des mères brisées, des fiancées hagardes, et des jeunes mariées vieillies. Contraste obscène du tissu noir et du deuil sur la peau blanche des femmes solitaires. Saisons des eaux croupies dans les trous d'obus, où viennent se désaltérer les damnés de la terre labourée par l'enfer, quand ils ne viennent pas boire dans la gourde des morts. Automnes, saisons des labours et des semailles, saisons de la terre qui reprend ses droits et qui se nourrit des âmes qu'elle enfouit.

Alexis Berthomien a survécu à la Grande Guerre. Entre 1914 et 1918, il écrivait souvent à sa femme Marie Robert, qu'il avait épousée en juin 1914, à Trémouilles, petit village de l'Aveyron, deux mois avant d'être mobilisé.

Le 24 août 1915

Ma chère Marinou,

J'ai reçu ta lettre du 20 et je m'empresse d'y répondre pour te dire que je suis toujours en bonne santé, et suis heureux de t'en savoir de même. Tu me dis que tu es contente des renseignements que je te donne, mais tu comprends que je suis heureux de pouvoir te dire ce que je sais. Tu veux savoir le poids des obus, je le savais bien au juste, mais maintenant je ne me rappelle pas bien de tous, le 77 pèse 20 à 25 kg et la pièce 25 quintaux ; le 105 pèse 30 à 35 kg et la pièce 45 quintaux ; le 220 pèse 80 kg et la pièce 80 quintaux ; le 320 pèse 150 kg et la pièce 150 quintaux.
Ils ont aussi des canons monstrueux de 420 qui pèsent 450 quintaux et les obus pèsent 1 000 kg. Ceux-là, ils s'en servent pour démolir les forts ou les fortifications, ceux-là sont traînés par des tracteurs automobiles et l'obus est placé dans la pièce par l'électricité, car c'est impossible aux hommes de remuer un obus. Chaque coup de ces obus leur coûte trente-trois mille francs. Comme artillerie lourde ils en ont en masse, c'est ce qui les sauve, car ces obus font un ravage terrible. Nous autres nous commençons à en avoir beaucoup mais pas comme eux ; les Anglais aussi ont une belle artillerie lourde. L'Italie aussi a une puissante artillerie, leurs canons de campagne sont du même calibre que les nôtres.
Quand tu recevras mes cartes, tu l'auras peut-être vu sur les journaux : une belle victoire navale remportée par les Russes sur les Allemands. Ils leur ont coulé trois croiseurs, sept torpilleurs et un grand cuirassé de 22 000 tonnes et ayant à bord mille treize hommes d'équipage. Tu sais que c'est joli ça, ce sont des milliards qui ont coulé au fond de la mer. Et puis ça les empêche de débarquer à Riga, car s'ils avaient pu débarquer des troupes, ils auraient marché sur Saint-Pétersbourg et les Russes étaient perdus. C'est

une belle victoire pour les Russes. Je ne t'en dis pas plus long pour aujourd'hui et en attendant toujours de tes chères nouvelles, reçois ma chérie mes meilleures caresses et mes plus doux baisers. Ton mari qui t'aime.

Alexis

Maurice Maréchal (voir chapitre 1, page 11).

Dimanche 27 septembre 1914

Ah, que c'est long et monotone et déprimant. Voilà quinze jours que nous restons sur place. En 1870, autant que je me rappelle, il y eut de formidables batailles où les armées se cognèrent vraiment avec acharnement ! On parle toujours de *Gravelotte, Reischoffen, Rezonville*. Ces noms évoquent de l'action, des forces dépensées dans un commun effort, de l'énergie, de l'héroïsme !!... Je pense à ces régiments de cavaliers balayant la plaine, ces combats corps à corps, ou presque, dans les rues de village : eux les voyaient... les Prussiens ! Nous, nous ne les voyons pas ! Pour la malheureuse infanterie, la tâche est bien facile à résumer : « Se faire tuer le moins possible par l'artillerie. » Pour cela on marche la nuit, les mouvements se font au petit jour et au crépuscule on a toujours l'air de se cacher. Une fois arrivé au poste de combat, chacun prend ses positions, ici telle compagnie, là telle autre, là le commandement ; puis on se terre dans les tranchées et on attend. On ne voit rien, mais on entend : c'est tout de même quelque chose ! L'artillerie se met à cracher, on compte les coups, on risque un œil pour mesurer la distance à laquelle éclatent les projectiles ; on se baisse vivement lorsqu'on perçoit, ironique et railleur, le *dss, dss* d'une nouvelle marmite ! Et voilà l'héroïsme de nos jours : se cacher le mieux possible. Evidemment, à force de s'amuser d'un côté et de l'autre à s'envoyer, les uns de la picrite, les autres de la mélinite plein les obus, il arrive quelque bobo ! Boum ! Oh, celui-là arrive bien près ! Reboum ! Bon, tout le monde est par terre, roulé de sable et de poussière, on ne voit plus rien à cause de la fumée noire qui vous aveugle. Mais on entend des râles et c'est le spectacle hideux, indigne d'être raconté, de sept ou huit bonshommes au milieu desquels est venu éclater avec un gros bruit bête, l'obus contenant des kilos de mélinite. Alors, les moins blessés s'en vont, suffoquant encore un peu, sous le coup de l'émotion nerveuse. On les sent tout petits, tout petits, en face de cette épouvantable chose, les uns le bras sanglant, d'autres le soulier déchiqueté avec un trou rouge, et ils passent devant les autres tranchées, boitillant mais pas pleurards. Pour la plupart, ils sont courageux, peut-être aussi songent-ils avec effroi que les voilà encore bien partagés et que d'autres sont restés dans le trou et qu'on les enterrera demain...

Puis le soir arrive, le soleil se couche. Comme tout devient beau : le ciel, les arbres, les collines. Toutes les silhouettes se précisent et le petit clocher de Thil se profile, découpé dans du papier noir sur le fond orange des cieux. La fumée des derniers obus erre lentement, emportée par le vent, tout est tendre, grand, auguste, solennel.

Alors, on se lève sans bruit, on ramasse les sacs, le fusil, et on reprend la route du cantonnement, tandis que des régiments reposés viennent nous remplacer sur les positions. Il fait froid, les mains gèlent sur le guidon, et on ne sait pas bien, oh non vraiment ! si on a fait quoi que ce soit d'utile pour la Patrie ! On n'a pas agi ! !

Maurice MARÉCHAL

Martin Vaillagou est né le 28 juillet 1875 dans le Quercy. Il a épousé sa femme Eugénie en 1900. Le couple est vite venu travailler à Paris pour vivre. Ils ont fondé ensemble une entreprise de maçonnerie, vite prospère, et ils eurent deux enfants, Maurice et Raymond.

Martin était admirateur de Jaurès et poète à ses heures. Versé dans le 247ᵉ régiment d'infanterie, il fut tué le 25 août 1915.

Maurice, son fils aîné qui lui demandait de lui rapporter des balles ennemies et un casque de Prussien, a dû travailler après la mort de son père, dans une entreprise de produits chimiques. Il est mort d'une leucémie foudroyante en janvier 1918, trois ans après son père. Il avait quatorze ans.

Voici pour Maurice.

Je vais exaucer les vœux à Maurice dans la mesure du possible. D'abord pour les lignes de combat, je vais tracer un plan au dos de cette feuille que tu pourras suivre et expliquer à maman à moins que maman comprenne mieux que Maurice. Pour les balles allemandes, je pourrai le faire. J'en apporterai quand je reviendrai. Pour le casque de Prussien, cela n'est pas sûr. Ce n'est pas maintenant le moment d'aller les décoiffer. Il fait trop froid, ils pourraient attraper la grippe. Et puis mon pauvre Maurice, il faut réfléchir que les Prussiens sont comme nous. Vois-tu qu'un garçon prussien écrive à son père la même chose que toi et qu'il lui demande un képi de Français, et si ce papa prussien rapportait un képi de Français à son petit garçon et que ce képi fut celui de ton papa ? Qu'est-ce que tu en penses ? Tu conserveras ma lettre et tu la liras plus tard quand tu seras grand. Tu comprendras mieux. A la place du casque de Prussien, je vais t'envoyer à toi, à Raymond, maman peut les recevoir aussi, des petites fleurs de primevères que les petits enfants (garçons et filles) du pays où je suis cueillaient autrefois et qui faisaient leur joie, et que moi, le grand enfant, j'ai cueillies cette année dans leur jardin pour te les envoyer. (Je ne les vole pas, elles se perdraient tout de même.) Je vous les envoie pour que vous pensiez un peu à leur malheur de n'être plus dans leur maison. Je vois, je mets même mes ustensiles de cuisine sur un petit dodo de ces petits enfants. Il y en a là deux même que je ne peux voir sans penser à vous et les larmes aux yeux me disent que vous êtes tout de même heureux par rapport aux autres...

Martin VAILLAGOU

Ernst Wittefeld avait trente-quatre ans en 1914. Il appartenait à la 1re compagnie du 1er régiment de grenadiers de la garde-empereur Alexandre. Il était agriculteur et fils d'agriculteurs.

Horimont, le 31 octobre 1914

Chers parents et chère Louise,

Mes chers, nous avons passé une semaine difficile, car il nous a fallu passer trois jours et trois nuits en territoire hostile. Mardi matin à 7 heures, nous sommes partis d'ici, chargés de tout le paquetage, et il n'était pas du tout sûr que nous puissions y revenir. Mais nous sommes revenus vendredi soir. Dans cette lettre, je ne peux vous raconter qu'une toute petite partie de tout ce que j'ai vu, car je ne peux vous décrire tout le malheur, tous les ravages et la famine dont sont victimes les jeunes enfants et les femmes que nous avons rencontrés. Des hommes, il n'y en a presque plus, on ne voit que des vieillards. Ah, mes chers, comme vous avez de la chance, d'être là-bas, chez vous, vous ne savez même pas à quel point vous avez de la chance. Vous avez grand tort de vous plaindre et de geindre, car vous n'en avez aucune raison. Vous allez peut-être me dire que tout ce que j'ai vu n'est encore rien par rapport à un champ de bataille jonché de cadavres d'hommes et de chevaux ; oui, c'est vrai. Mais, j'en ai déjà vu beaucoup trop et j'ai mon content de misère et de désolation. Toute la récolte est pour partie dehors, pour partie moissonnée, pour partie en gerbe, pour partie éparpillée. C'est bien triste tous ces beaux champs de blé laissés à l'abandon. Je vous en raconterai tout de même prochainement un peu plus. Chère Louise, lorsque tu m'écris, tu pourrais remplir toute la page, ne pas laisser de marge et écrire sur toute la ligne. Je ne peux pas vous envoyer de photographie, car les civils n'ont pas le droit de visiter nos positions, et surtout pas un photographe. On n'a pas le droit non plus d'aller à Metz, de toute façon on ne doit pas s'éloigner hors de portée du clairon de la compagnie, sous peine d'être sévèrement puni. Et vous ne voudriez quand même pas que, soldat, j'encoure la moindre punition. Néanmoins, si un photographe de la compagnie venait à passer par ici, je ne manquerai pas de faire mon possible, mais, à mon grand regret, ce n'est pas possible pour l'instant. Ici, on continue de punir des camarades pour saoulerie. La dernière fois que nous avons reçu la solde, il n'était pas un soir où on pouvait se coucher tranquillement. Et c'était bien triste de les voir rentrer tard le soir, dans cet état.

Chers parents, Minna m'écrit qu'elle veut m'envoyer aussi un colis. Dites-lui, s'il vous plaît, que ce n'est pas nécessaire et qu'elle ne ferait que s'attirer des désagréments chez elle. Je ne peux tout de même pas lui écrire cela. Aujourd'hui, j'ai reçu une carte de Godesberg, et un paquet est en route

pour moi. Si vous pouviez m'en envoyer encore un, ce serait vraiment très bien. Cet été, je ne vous en ai pas parlé, car je ne voulais pas vous ennuyer avec ça.
Bien des choses à vous tous.

Ernst

J'espère recevoir bientôt la photographie.

Jacques Ambrosini était originaire de Speloncato en Haute-Corse. Fils d'agriculteur, engagé dans les Dardanelles contre les Turcs, à l'âge de dix-neuf ans, il finira la guerre comme lieutenant, et ses lettres écrites à son frère François décrivent l'horreur quotidienne du front.

Le mercredi 19 mai 1915
Cher Frangin
Je prends la plume à la main pour continuer mon petit récit. Ce ne sera guère long. Je m'étais arrêté si je ne me trompe au moment où l'on partait pour l'assaut. La baïonnette au canon, on s'élance hors des tranchées. Le capitaine en tête, nous faisons un bond de trente à cinquante mètres, et nous voilà couchés dans la tranchée qu'occupaient nos camarades de 1re ligne.
Les balles avaient bien sifflé, mais personne n'avait été touché. La rage de tuer et poussés par l'odeur de la poudre aussi bien que par les cris des bêtes féroces, car à ce moment-là on devient des bêtes féroces, pensant qu'à tuer et massacrer, nous nous élançons tout comme un seul homme. Victor est à mes côtés, mais bientôt, dans cette course folle, je ne le vois plus. Les camarades tombent. Presque tous blessés. Ce sont alors des cris de douleur. D'un côté, on entend « ma femme », « mes enfants » de l'autre, « ma mère », « achevez-moi », « ne me faites plus souffrir ». Tout ceci te déchire le cœur, le sang coule à flots, mais nous avançons quand même, marchant sur les morts. Les Turcs sont couchés par centaines. Notre 75 aussi bien que les pièces de marine ont fait du bon travail. Ils sont déjà tout gonflés. Ceux qui n'ont pas été touchés s'échappent à grandes enjambées, nous courons toujours. Impossible de les attraper. On se met alors à genoux, on s'arrête, on vise et, patatrac, ton homme tombe. Les Sénégalais qui

passent sur les tranchées ennemies achèvent les blessés. On nous l'avait bien recommandé à nous aussi, mais je n'ai pas le courage. Tout à coup, à la troisième tranchée turque, un de ces vieux mahométans, blessé et pouvant encore bouger ses bras hisse un drapeau blanc au bout d'un morceau de bois. Je m'approche pour le voir de près. Que fait-il ? Il me regarde puis saisit son fusil et veut me mettre en joue. Le malheureux. Plus leste que lui, je lui flanque ma baïonnette dans la tempe gauche et, instinctivement, je fais partir un coup. Les cervelles sautent en l'air et viennent jusqu'à ma figure. Il me crie pardon et meurt. Je repars me disant : « Tous les blessés, tu les achèveras. » C'est ce que je fis. Nous franchissons cinq autres lignes de tranchées et tous sont achevés, car les bougres quoique blessés tirent sur nous et ne s'arrêtent que lorsqu'ils sont morts. Nous avons maintenant la descente et nous gagnons du terrain. Tout à coup je vois un Turc à trente mètres devant moi qui s'évade à grandes enjambées. Je me mets à genoux, je vise, tire sur la détente et le voilà qui tombe à plat ventre comme s'il tombait d'un cinquième. J'arrive sur lui, il n'était pas encore mort, mais je l'avais bien touché. Une autre cartouche et voilà la cervelle qui saute en l'air. Les Turcs ne sont pas loin. On marche toujours mais impossible de les rattraper. Les voilà qui rentrent dans une vallée. On ne peut les toucher. Mon lieutenant est en tête, il me regarde et crie « courage » mais je suis touché. J'ai ressenti comme une commotion électrique à la gauche. Et je tombe le visage en avant. Pas de douleur. Je sens le sang qui commence à couler. Je reste quelques minutes couché : le sac sur la tête. Un pauvre malheureux, qui pendant que j'étais tombé m'avait devancé, a la tête ouverte par un éclat d'obus juste à deux mètres devant moi. Je me lève alors et voyant que je puis marcher je tâche de rejoindre sac au dos, et fusil au bras, le poste de secours. La fusillade et la canonnade deviennent plus intenses. Nous sommes plusieurs blessés qui retournons sur nos pas. Les Turcs nous aperçoivent et pendant que les copains vont en embrocher, des troupes turques qui sont sur notre droite font pleuvoir sur nous une grêle de fer et de balles. On se demande si on pourra s'en tirer. Les balles tombent à côté de moi et font une petite poussière. Il faut que je passe sur un espace de cinquante mètres où les obus tombent en enfilade. Je vois la

direction que suivent les obus. Je passe tranquillement, quand devant moi je vois un « cigare », un obus qui n'a pas éclaté qui roule par terre en sautillant comme un petit ballon de caoutchouc. Je lui dis bonsoir. Car je sais qu'il n'éclate pas. Je marche toujours. Bientôt je suis à l'abri des balles et des obus. [...] Je prends mon nécessaire puis nous voilà partis pour l'ambulance qui se trouve à quelques kilomètres de là. Le sang avait coulé à flots. J'avais perdu au moins trois litres. Il était caillé sur ma jambe et dans les chaussettes, si bien que lorsque je marchais, ça faisait chioff chioff. J'arrive au poste de secours où je suis obligé d'attendre mon tour. Je prie le major que je connaissais de me faire mon pansement car j'allais tomber sans connaissance. Il me le fit et je fus soulagé, quoique ayant un peu souffert. Je regarde ce que j'avais : pas grand-chose. Une balle m'était rentrée à l'aine et était ressortie à la cuisse gauche. Un centimètre plus à droite et elle me touchait les parties. Je souffrais, mais pas un murmure ; au contraire je chantais. De là on nous expédie à dos de mulet vers le port de Sebdul-bar qui se trouve à cinq kilomètres pour être embarqués. Tout ceci demande du temps et vers les 3 heures du matin, nous embarquons sur le bateau *Le Gange* où nous sommes bien soignés mais mal nourris et mal couchés. [...]
Fais parvenir cette lettre à la maison afin qu'eux aussi connaissent ce que sont trois jours de guerre sous une pluie de mitraille. Donne le bonjour de ma part à tous les amis et reçois pour toi une fraternelle caresse.

Jacques AMBROSINI

René Jacob a été tué à Verdun en 1916. Il était fils de charron et lui-même boulanger à Bussy-en-Othe dans l'Yonne. Il laissait derrière lui sa femme Lucie, et trois enfants dont l'aînée avait huit ans.

1915

Comment décrire ? Quels mots prendre ? Tout à l'heure, nous avons traversé Meaux, encore figé dans l'immobilité et le silence, Meaux avec ses bateaux-lavoirs coulés dans la Marne et son pont détruit. Puis nous avons pris la route

de Soissons et gravi la côte qui nous élevait sur le plateau du nord... Et alors, subitement, comme si un rideau de théâtre s'était levé devant nous le champ de bataille nous est apparu dans toute son horreur.
Des cadavres allemands, ici, sur le bord de la route, là dans les ravins et les champs, des cadavres noirâtres, verdâtres, décomposés, autour desquels sous le soleil de septembre, bourdonnent des essaims de mouches ; des cadavres d'hommes qui ont gardé des pauses étranges, les genoux pliés en l'air ou le bras appuyé au talus de la tranchée ; des cadavres de chevaux, plus douloureux encore que des cadavres d'hommes, avec des entrailles répandues sur le sol ; des cadavres qu'on recouvre de chaux ou de paille, de terre ou de sable, et qu'on calcine ou qu'on enterre. Une odeur effroyable, une odeur de charnier, monte de toute cette pourriture. Elle nous prend à la gorge, et pendant quatre heures, elle ne nous abandonnera pas. Au moment où je trace ces lignes je la sens encore éparse autour de moi qui me fait chavirer le cœur. En vain le vent soufflant en rafales sur la plaine s'efforçait-il de balayer tout cela : il arrivait à chasser les tourbillons de fumée qui s'élevaient de tous ces tas brûlants ; mais il n'arrivait pas à chasser l'odeur de la mort. « Champ de bataille », ai-je dit plus haut. Non, pas champ de bataille, mais champ de carnage. Car les cadavres ce n'est rien. En ce moment, j'ai déjà oublié leurs centaines de figures grimaçantes et leurs attitudes contorsionnées. Mais ce que je n'oublierai jamais, c'est la ruine des choses, c'est le saccage abominable des chaumières, c'est le pillage des maisons...

René JACOB

Maurice Maréchal (voir chapitre 1, page 11).

Thil – 23 octobre

La petite église à moitié éventrée, l'intérieur mis à sac. Au milieu des plâtres et des pierres effondrés, une chaise est redressée. On est venu prier dans ce chaos, le livre est encore ouvert sur le dossier. Les arbres sont déchiquetés, les racines tordues gémissent vers le ciel, une tombe d'un soldat français, quelques pelletées de terre sur le mort de qui on aperçoit les deux bouts de soulier sont autant d'éloquentes choses qui réclameraient bien davantage urgence que les articles haineux des journaux de Paris ! Saint-Saëns contre Wagner. Quelle bêtise ! Parce que des brutes ont assassiné, vouloir à toute force s'attaquer aux génies de l'autre race pour les renverser sinon les amoindrir ! Toutes ces querelles passeront, heureusement, et les œuvres vraiment dignes de vivre resteront, malgré les crimes, malgré la méchanceté, malgré les criailleries des journalistes en mal de patriotisme !

Maurice MARÉCHAL

Raoul Pinat est né en 1896 à Valence. Sa famille était originaire du Dauphiné, et son père était polytechnicien et militaire de carrière. Après avoir commencé la guerre comme simple soldat, Raoul finira lieutenant et deviendra exploitant agricole après l'armistice, puis, au fil des ans, assureur et papetier.

Carnet de guerre
22 avril 1917

La cagna s'est effondrée. Il y a encore des vivants dessous. Ma foi, tant pis pour le bombardement : je cours chercher ma pioche au fond de la sape et, entre deux salves, je cours vers la cagna.

Lepeule prend une pelle : en hâte nous déblayons un peu. Il y a quatre hommes dessous : c'est affreux !...

Une voix nous appelle : « Dépêchez-vous, je meurs, j'étouffe ! – Où es-tu ? – Là, là... »

C'est profond... c'est profond ! Il va étouffer sûrement.

L'obus est tombé juste sur la cagna ; tout a cédé : les poutres, les étais, les rondins sont en poudre. La terre a comblé tout ça. Les malheureux ont un mètre de débris au-dessus d'eux !

Lepeule appelle : « Qui êtes-vous ? – Revenaz. – Et les autres ? – Je ne sais pas. » Il appelle encore : personne d'autre ne répond.

Cependant le bombardement s'est arrêté depuis un instant. Plusieurs servants de la 7e batt. accourent avec des outils. On se hâte : cette voix suppliante qui monte de terre nous électrise.

Lepeule, voyant du monde au travail en nombre suffisant,

lâche sa pelle, et, calme, comme toujours, prend une photo de l'ensemble. « Attention ! !... en voilà un !... » Tous se sauvent, affolés, nerveux.... L'obus hurle, siffle : il est sur nous ! – non. Il nous inonde de terre, de pierres, d'éclats de bois.

Fontaine, deux poilus de la 7, et moi sommes seuls restés. Vite, nous continuons. Enfin, voilà sa main. On voit d'abord la terre bouger, puis sa main crispée apparaît. Je la lui serre ; il hurle de joie : « Vite, vite, dépêchez-vous, j'étouffe. »

Le bombardement reprend : c'est affreux ; l'avion doit nous voir... Un obus – un 150 – tombe à quelques mètres de nous : il nous jette pêle-mêle à terre... L'un dit : « Foutons le camp ; on va se faire tuer ! – Non, restons, ça ne se commande pas, il faut sortir cet homme ! » On reste. La sueur nous inonde tant nous peinons pour enlever vite la terre, les morceaux de poutres, les pierres...

« Cette main ? Est-ce ta main droite ? – Oui ! – Où est ta tête ? »

« Dessous, dessous ! J'ai la main levée, en l'air ! »... Oh ! ce qu'il y en a de terre !... et ces obus qui nous radinent toujours dessus !...

Ah ! la terre est chaude ici : en suivant son bras qui est levé en effet, voilà sa tête ici ; elle a chauffé la terre ; son haleine suinte à travers une mince couche de terre ; sa voix est plus distincte. Avec précaution je gratte avec les mains : voilà ses cheveux, son front... Vite, vite : sa bouche.

Enfin il respire plus à l'aise. C'est bien Revenaz. « Pauvre vieux, tu en vois une dure ; t'en fais pas, on t'en tirera... t'as fini la guerre, te bile pas ! » Ces paroles le remontent un peu : il cesse cette espèce de râle d'angoisse qu'il faisait tout le temps.

Raoul PINAT

René Pigeard avait vingt ans en 1914. Il était né dans l'Yonne et son père était contremaître et travaillait pour les Eaux de la ville de Paris. Imprimeur dans la vie civile, René fut blessé à Verdun puis nommé caporal. Fait prisonnier en 1917, il mourut électrocuté en essayant de s'évader de son camp de prisonniers le 17 octobre 1917.

Le 27 août 1916

Cher papa,

Dans la lettre que j'ai écrite à maman, je lui disais tout notre bonheur à nous retrouver « nous-mêmes » après s'être vus si peu de chose... à la merci d'un morceau de métal !... Pense donc que se retrouver ainsi à la vie c'est presque de la folie : être des heures sans entendre un sifflement d'obus au-dessus de sa tête... Pouvoir s'étendre tout son long, sur de la paille même... Avoir de l'eau propre à boire après s'être vus, comme des fauves, une dizaine autour d'un trou d'obus à nous disputer un quart d'eau croupie, vaseuse et sale ; pouvoir manger quelque chose de chaud à sa suffisance, quelque chose où il n'y ait pas de terre dedans, quand encore nous avions quelque chose à manger... Pouvoir se débarbouiller, pouvoir se déchausser, pouvoir dire bonjour à ceux qui restent... Comprends-tu, tout ce bonheur d'un coup, c'est trop. J'ai été une journée complètement abruti. Naturellement toute relève se fait de nuit, alors comprends aussi cette impression d'avoir quitté un ancien petit bois où il ne reste pas un arbre vivant, pas un arbre qui ait encore trois branches, et le matin suivant après deux ou trois heures de repos tout enfiévré voir soudain une rangée de marronniers tout verts, pleins de vie, pleins de sève, voir enfin quelque chose qui crée au lieu de voir quelque chose qui détruit !

Pense que de chaque côté des lignes, sur une largeur de un kilomètre, il ne reste pas un brin de verdure, mais une terre grise de poudre, sans cesse retournée par les obus : des blocs de pierre cassés, émiettés, des troncs déchiquetés, des débris de maçonnerie qui laissent supposer qu'il y a eu là une construction, qu'il y a eu des « hommes »... Je croyais avoir tout vu à Neuville. Eh bien non, c'était une illusion. Là-bas, c'était encore de la guerre : on entendait des coups de fusil, des mitrailleuses, mais ici rien que des obus, des obus, rien que cela ; puis des tranchées que l'on se bouleverse mutuellement, des lambeaux de chair qui volent en l'air, du sang qui éclabousse... Tu vas croire que j'exagère, non. C'est encore en dessous de la vérité. On se demande comment il se peut que l'on laisse se produire de pareilles choses. Je ne devrais peut-être pas décrire ces atrocités, mais il faut qu'on sache, on ignore la vérité trop brutale. Et dire qu'il y a vingt siècles que Jésus-Christ

prêchait sur la bonté des hommes ! Qu'il y a des gens qui implorent la bonté divine ! Mais qu'ils se rendent compte de sa puissance et qu'ils la comparent à la puissance d'un 380 boche ou d'un 270 français !... Pauvres que nous sommes ! P.P.N.
Nous tenons cependant, c'est admirable. Mais ce qui dépasse l'imagination, c'est que les Boches attaquent encore. Il faut avouer que jamais on aura vu une pareille obstination dans le sacrifice inutile : quand par hasard ils gagnent un bout de terrain ils savent ce que ça leur coûte et encore ne le conservent-ils pas souvent.
J'espère aller bientôt vous revoir et on boira encore un beau coup de pinard à la santé de ton poilu qui t'embrasse bien fort.

René PIGEARD

Karl Fritz était un caporal de l'armée allemande. Il appartenait au 10e bataillon de chasseurs alpins, 2e compagnie.

Argonne le 16 août 1916

Chers parents et chères sœurs,

Le 2, à Saint-Laurent, nous avons entendu le signal de l'alerte. On est venu nous chercher avec des véhicules, et on nous a amenés jusqu'à quelques kilomètres du front de Verdun. [...]
Vous ne pouvez pas avoir idée de ce qu'on a vu là-bas. Nous nous trouvions à la sortie de Fleury, devant le fort de Souville. Nous avons passé trois jours couchés dans les trous d'obus à voir la mort de près, à l'attendre à chaque instant. Et cela, sans la moindre goutte d'eau à boire et dans une horrible puanteur de cadavres. Un obus recouvre les cadavres de terre, un autre les exhume à nouveau. Quand on veut se creuser un abri, on tombe tout de suite sur des morts. Je faisais partie d'un groupe de camarades, et pourtant chacun ne priait que pour soi. Le pire, c'est la relève, les allées et venues. A travers les feux de barrage continus. Puis nous avons traversé le fort de Douaumont, je n'avais encore jamais rien vu de semblable. Là, il n'y avait que des blessés graves, et ça respirait la mort de tous côtés. En plus, nous étions continuellement sous le feu.

Nous avions à peu près quarante hommes morts ou blessés. On nous a dit que c'était somme toute assez peu pour une compagnie. Tout le monde était pâle et avait le visage défait. Je ne vais pas vous en raconter davantage sur notre misère, je pense que ça suffit. Nous étions commandés par un certain adjudant Uffe. On ne l'a pas vu. Mais le Seigneur m'est venu en aide. Là-dessus, nous sommes repartis aussitôt pour Spincourt où on nous a chargés sur des véhicules à destination de Grandpont, puis nous sommes revenus en deux jours à nos positions devant Chapelle, où nous sommes maintenant un peu mieux installés.
Je vais aussi écrire à Guste. Je vous embrasse de tout cœur et vous recommande à Dieu.
Votre fils et frère reconnaissant.

Karl

Etienne Tanty était le fils d'un professeur d'espagnol qui était également bibliothécaire au lycée Hoche à Versailles. En 1914, Etienne avait vingt-quatre ans. Philosophe de formation, il avait raté de peu l'oral de l'Ecole normale supérieure de la rue d'Ulm un an plus tôt. Il était déjà sous les drapeaux lorsque son service militaire déboucha sur la guerre. Il appartenait au 129ᵉ régiment d'infanterie et fut blessé le 25 septembre 1915 à Neuville-Saint-Vaast. Soigné pendant près de six mois, il fut renvoyé au front et fut fait prisonnier à Tahure le 21 mars 1918. Il fut libéré de son camp de prisonniers et rapatrié le 15 décembre 1918, puis démobilisé le 8 août 1919. Etienne Tanty était caporal à la fin de la guerre. Il devint ensuite professeur de lettres et de latin.

2 novembre 1914

Je ne sais pas l'heure, je ne sais plus l'heure, je n'ai plus la notion du temps autrement que par le soleil et l'obscurité. Il fait grand jour et beau jour, le ciel d'automne est lumineux, s'il n'est plus bleu. Je l'aperçois par-dessus le remblai de terre et de cailloux de la tranchée, et mon sac me sert de fauteuil, mes genoux touchent la paroi pierreuse : il y a juste la place de s'asseoir et la tête arrive au niveau du sol. Près de moi j'ai mon fusil, dont le quillon se transforme en porte-manteau pour accrocher la musette et le bidon. Dans le bidon il reste un peu de bière, dans la musette il y a du pain, une tablette de chocolat, mon couteau, mon quart et ma serviette. A ma gauche, le dos énorme d'un camarade qui fume en silence me cache l'extrémité de la tranchée ; à droite un autre, couché à moitié, roupille dans son couvre-pieds. Le bruit affaibli des conversations, le cri d'un corbeau, le son d'un obus qui file par instants vers les lignes françaises troublent seuls le silence. Nous sommes sales comme des cochons, c'est-à-dire blancs comme des meuniers, car cette terre est comme de la farine : tout est blanc, la peau, le visage, les ongles, la capote, les cartouchières, les souliers.

Étienne TANTY

Vendredi 20 novembre 1914

Voilà le réveil. Il gèle dehors. Au sortir des rêves de la nuit, devant ce joli temps de gel, et à me retrouver ici je sens revenir le cafard. C'est si triste, et rien que d'entendre les conversations de mes voisins, ça me met hors de moi ! – Quand je songe combien ces premiers froids sont charmants sur l'avenue de Paris, au Parc, sur le chemin de la Sorbonne – Ô la bonne Bibliothèque ! si chaude, avec ses bouquins. Ici on crève comme un animal, dans la misère physique, intellectuelle. Hélas ! Je n'attends qu'une lettre. – Les Boches et le Froid, c'est trop !

Je viens de déjeuner, mais qu'est-ce qu'une demi-boule de pain (même avec tout le chocolat) pour une journée ! J'en ai déjà mangé la moitié et j'ai encore plus faim. Rien que le matin il me faudrait la boule entière ! Le froid aiguise terriblement l'appétit, et ne pouvant le satisfaire, on en est quitte pour se recoucher.

Dormir ! C'est tout le bonheur ici, car c'est l'oubli. Dormir... – On ne pense pas à manger pendant qu'on dort et l'on fait mieux, moi du moins, on dîne en dormant, en rêvant.

C'est extraordinaire comme je rêve boulangerie, table et aliments de toute nature. J'ai le choix. Je suis à la maison à Saint-Amand. Et si en dormant, je boulotte des poires cuites ou des gâteaux de riz comme en confectionnait maman au temps des vingt-quatre heures, ou si je vais humer la croûte des pâtés dans le fourgniau d'Eugénie, c'est toujours ça. – Dormir ! Le temps passe ; les obus aussi : oublier un instant leur sifflement de fer à travers le ciel, ne plus les entendre venir et éclater, n'est-ce pas comme s'ils n'existaient plus ? – Car, il n'y a pas, mais je les encaisse de moins en moins ; nous en avons tant reçu, tous ceux qui étaient à Courcy, et l'impression physique qu'on ressent ! je préfère ne pas les entendre. – Et les Allemands se remettent à bombarder Reims, Saint-Thierry, Merfy. – Dormir ! – Enfin c'est échapper à tout ce qui vous entoure. C'est l'évanouissement du cauchemar. – Plus de tranchées, plus de gourbis, plus de ruines, de sapes – plus de fusil, de cartouches, de sacs, de pelles, de pioches – plus d'escouade... (Ô Dieu ! quel soulagement, quel soupir : la vie d'escouade !) Dormir ! Renouer la vie passée à la faveur des rêves. Il est neuf heures et demie. Je viens de prendre ma faction ; il fait du soleil, et il gèle ferme. Je suis d'humeur aussi satisfaisante que je puis l'être puisque j'ai pu écrire et que les lettres ne vont certainement pas tarder à arriver. D'ailleurs, ce pâle soleil sans vigueur sur la terre fleurie de givre n'inspire pas le morne désespoir d'un ciel pluvieux et humide. D'ailleurs, inconsciemment, mon esprit est auprès de vous, et va des uns aux autres. Papa, à la permanence, avec ses gros cahiers d'espagnol, doit avoir gardé son pardessus et il me semble voir tes cheveux blancs frotter contre le parement de velours quand tu relèves la tête pour regarder au-dehors les lilas couverts de givre. Je vois maman remonter la rue Duplessis avec son filet, hâtive, pour préparer le déjeuner, en ruminant ses rêves ; et les frimousses de ces demoiselles sous le cèdre du lycée de filles. – Mais en levant les yeux, j'aperçois les corbeaux, la croix, et les percutants sifflent très haut, et se suivent sans relâche. Alors les images de la guerre m'empoignent et je revois l'horrible boucherie, la route de Montmirail à Reims, je respire encore la puanteur des champs couverts de débris et de charogne, je vois les faces noires, charbonnées, des cadavres amoncelés dans toutes les positions, au pied de Montmirail, et près desquels on se couchait en tirailleur, sans savoir, sur lesquels on butait dans la rue, cavalant sous les balles prussiennes. – A chaque obus que j'entends éclater, j'éprouve malgré moi une impression de terreur religieuse. Il me semble, dans ce bruit sourd et lugubre qui succède au sifflement – et qui diminue insensiblement – entendre des pères, des femmes, des enfants qui pleurent sur toute la terre, il me semble que la Mort pénètre, comme dans une gravure de Callot, dans un intérieur que je me représente paisible et doux, pour leur annoncer triomphalement, à tous ces visages angoissés qui se tournent vers elle avec épouvante : pour leur annoncer qu'à cette heure un malheureux est mort sur la terre – c'est un fils, un frère, un père. Malheureux eux-mêmes ! Car la joie des autres sera leur douleur, et le printemps prochain pour eux sera sans fleurs. – Foyers vides aux soirées des hivers prochains ! Quel Noël pour tant de pauvres enfants et de parents ! La vie n'est-elle pas assez malheureuse ! et avec leurs douleurs, il faudra que des malheureux peinent pour faire vivre et élever leurs enfants ! Qu'est-ce que c'est qu'un Allemand, un Français ! Des milliers de familles, à chaque heure, sont sous la menace – et malgré tout ce qui s'y oppose en moi, il me vient par moments des accès de foi en un Dieu qui seul pourra venger d'une vengeance digne ces atrocités inhumaines.

Étienne TANTY

Vendredi 20 novembre 1914

La nuit dans la tranchée. – Tranchée de deuxième ligne, le long de la route. Elle est bien installée, formée de petites niches individuelles avec de la paille. On peut y dormir. Voici leur aspect, si maladroit que je sois, ça vous donnera une idée.

On déroule le couvre-pieds et bonsoir... Je m'éveille tout à coup. Partout des coups de fusils ; mes voisins s'éveillent aussi et bouclent les sacs en vitesse et mettent bidon et musettes. Les Boches attaquent : les balles sifflent. Visages ahuris et inquiets. Silhouettes qui passent sur la route en courant et en se baissant. On va renforcer la tranchée à quelques pas ; je me fous par terre dans du fil de fer coupé, et d'autres aussi ; le sac monté à la diable ballotte, les musettes battent les jambes (une araignée se promène sur mon papier à lettres, maman !) – et l'on se précipite dans les trous de tranchée n'importe comment, on se terre au fond, assez inquiets. « Baïonnette au canon ! » crie « Dérange-tout » qui se promène au milieu des balles sur la route, comme un paysan dans ses blés (je ne veux lui enlever aucune de ses qualités). Ordre de ne pas tirer. La fusillade se calme. Elle traîne et cesse. On se redresse un peu, on respire, on regagne sa place. Il y a un blessé, au pied ; c'est mon caporal. Des officiers du génie viennent.

Voix lointaines, bruits de disputes. La section du lieutenant aurait tiré sur les nôtres (c'est terrible, la fréquence et la répétition malgré tout de ces erreurs ; patrouilles, sentinelles, malgré les recommandations, tirent à tort et à travers). – Nos 75 envoient quelques percutants. On respire. On l'a échappé encore ce coup-ci. On mange, on se recouche, on se rendort.

Étienne TANTY

Florilège automnes

Voici le paysage d'aujourd'hui : une petite pluie fine tombe depuis le matin et détrempe la route. La vallée est perdue dans le brouillard, les arbres de la route nationale et Brimont sont voilés de gris. Des soldats passent en contrebas du chemin dans le long boyau qu'est la tranchée. On aperçoit que le haut de leurs épaules et leurs têtes : ils sont sérieux. Les feuilles tombent en tourbillon, les corbeaux volent très bas, plusieurs traversent la route, les vignes s'amaigrissent.

Maurice MARÉCHAL

Le 31 juillet

Les tranchées de première ligne sont en face de nous. [...] ici, en plus des balles, des bombes et des obus, on a la perspective de sauter à 100 mètres en l'air d'un instant à l'autre ; c'est la guerre des mines. [...] la dernière explosion a fait un trou de 25 mètres de profondeur sur 50 mètres de diamètre. Inutile de te dire ce que sont devenus ceux qui se trouvaient dans le rayon.

Pierre RULLIER

Octobre 1915

Je crois n'avoir jamais été aussi sale. Ce n'est pas ici une boue liquide, comme dans l'Argonne. C'est une boue de glaise épaisse et collante dont il est presque impossible de se débarrasser, les hommes se brossent avec des étrilles. [...] par ces temps de pluie, les terres des tranchées, bouleversées par les obus, s'écroulent un peu partout, et mettent au jour des cadavres, dont rien, hélas, si ce n'est l'odeur, n'indiquait la présence. Partout des ossements et des crânes. Pardonnez-moi de vous donner ces détails macabres ; ils sont encore loin de la réalité.

Jules GROSJEAN

24 juin 1915

Dans la tranchée, le pis, ce sont les torpilles. Le déchirement produit par ces 50 kg de mélinite en éclatant est effroyable. Quand une d'elles tombe en pleine tranchée, et ces accidents-là arrivent, elle tue carrément 15 à 20 types. L'une des nôtres étant tombée chez les Boches, des pieds de Boches ont été rejetés jusque sur nos deuxièmes lignes.

Michel LANSON

1914

Les canons et les fusils ne marchaient plus, il régnait un silence de mort. Il n'y avait que les blessés qui appelaient : Brancardiers ! Brancardiers ! A moi, au secours, d'autres suppliaient qu'on les achève. C'était affreux à voir. [...] le bombardement commençait et il fallait rester là, à attendre les obus, sans pouvoir bouger jusqu'au soir 8 heures où on venait nous relever. Chaque soir il y avait 100 ou 200 blessés sans compter les morts. Un jour, on y passait la journée, l'autre la nuit, avec cela coucher à la belle étoile, nous n'avions rien pour nous couvrir, je me demande comment nous avons résisté. A l'ordinaire on ne touchait pas grand-chose, et la viande que tu touchais, on te la donnait à 2 heures du matin, c'était l'heure de partir, il fallait la balancer, on mangeait du pain sec ; il y a longtemps que nous n'avions plus de provisions de réserve.

Pierre CHAUSSON

Lundi 26 octobre

Au château de Toussicourt. Je monte la longue avenue jonchée de feuilles mortes. Jolie teinte jaune, soleil à travers les branches. Décor pour idylle, hélas.

Maurice MARÉCHAL

Le 26 juillet 1915

J'ai vu de beaux spectacles ! D'abord les tranchées de Boches défoncées par notre artillerie malgré le ciment et les centaines de sacs de terre empilés les uns au-dessus des autres ; ça c'est intéressant. Mais ce qui l'est moins, ce sont les cadavres à moitié enterrés montrant, qui un pied, qui une tête ; d'autres, enterrés, sont découverts en creusant les boyaux. Que c'est intéressant la guerre ! On peut être fier de la civilisation !

Pierre Rullier

2 novembre 1914

[Mes hommes] trouvent mille petits moyens ingénieux pour se distraire ; actuellement, la fabrication des bagues en aluminium fait fureur : ils les taillent dans des fusées d'obus, les Boches fournissant ainsi la matière première « à l'œil » ! Certains sont devenus très habiles et je porte moi-même une jolie bague parfaitement ciselée et gravée par un légionnaire.

Marcel Planquette

Juillet 1915

L'attaque du 9 a coûté (c'est le chiffre donné par les officiers) quatre-vingt-cinq mille hommes et un milliard cinq cents millions de francs en munitions. Et à ce prix, on a gagné quatre kilomètres pour retrouver devant soi d'autres tranchées et d'autres redoutes.

Si nous voulons prolonger la guerre, il faudra renoncer à ces offensives partielles et coûteuses, et reprendre l'immobilité de cet hiver. Je crois que dans l'état de fatigue où sont les deux infanteries, c'est celle qui attaquera la première qui sera la première par terre.

En effet, partout on se heurte aux machines. Ce n'est pas homme contre homme qu'on lutte, c'est homme contre machine. Un tir de barrage aux gaz asphyxiants et douze mitrailleuses, en voilà assez pour anéantir le régiment qui attaque. C'est comme cela qu'avec des effectifs réduits les Boches nous tiennent, somme toute, en échec. Car enfin nous n'obtenons pas le résultat désiré, qui est de percer. On enlève une, deux, trois tranchées, et on en trouve autant derrière.

Michel Lanson

12 août 1918

Dès les premiers coups de canon, j'ai été projeté en l'air, des masses de terre se sont soulevées sous moi et à ce moment-là j'ai perdu connaissance. Je retrouvai rapidement mes esprits.

Enseveli, enterré vivant sous de lourdes masses de terre, dans quelques instants je vais manquer d'air, et ce sera la mort ! Je me suis mis à crier : « Emil, tu es là ? », « Oui, Erich ! », « Emil ! », « Ne crie pas comme ça, respire calmement. » « Au secours ! Au secours ! » Et Emil : « Récite plutôt un Notre Père. » J'hésitai, doutai, réfléchis. Non, de ma part, cela aurait été se moquer. J'ai pensé à mon père et à ma mère qui ne sauraient jamais où je serais mort. Lentement ma bouche et mon nez se remplissaient de sable, au fur et à mesure que ma respiration se faisait de plus en plus violente et que l'air devenait de plus en plus rare. J'ai senti que ma fin était proche. Pendant ce temps, trois camarades extrêmement courageux avaient commencé un travail de sauvetage au plus fort de la pluie d'obus. Le camarade Emil qui était au-dessus de moi fut bientôt libéré. Mais pour me libérer moi, il a fallu beaucoup, beaucoup plus de temps. Comme tout était merveilleux autour de moi une fois que j'ai pu respirer à nouveau librement, alors même que les obus ne cessaient de faire de nouvelles victimes dans nos rangs. On m'a pris sous les bras, et c'est ainsi que l'on m'a retiré de sous les masses de terre. Une botte, la droite, est restée enterrée. Mon pied droit était nu.

Erich SIDOW – Armée allemande

6 octobre 1914

Ils ont de la boue à moitié jambe ; nous avons parlé toute l'après-midi ; j'étais content de savoir des nouvelles, mais ils ont du mal ; tous les jours il faut qu'ils prennent des vieux seaux [et] casseroles et qu'ils sortent l'eau à mesure et je me dis que c'est une véritable guerre de taupes. Ils font des souterrains comme dans une cave et des escaliers pour descendre ; le soir, ils font du feu dedans et sortent dans la tranchée pendant que le bois brûle à grande flamme ; c'est pour sécher la terre et après ils s'introduisent pour s'y reposer pendant que deux sentinelles surveillent l'ennemi.

EDMOND

Le 11 juillet 1917

L'exercice ne s'arrête pas comme tu pourrais le croire à l'exercice de la baïonnette et à la gymnastique. Non, il y a encore une troisième pause et celle-là est consacrée au chant. Parfaitement, mon vieux, on nous fait chanter maintenant, comme autrefois à l'école : *La Marseillaise, Le Chant du départ* et *La Madelon* (chanson de marche). Donc à la troisième pause, le moniteur de gymnastique se transforme en chef d'orphéon et tout le monde chante, naturellement.

Pierre RULLIER

23 septembre 1914

Des classes 12 et 13, nous sommes une quarantaine au maximum sur cent cinquante – tout le reste est mort, blessé ou prisonnier. Un matin de septembre aussi clair se lève sur les vignes et les coteaux de la Marne ; le clocher du village émerge au-dessus des vapeurs du matin que dissipe le soleil, les dernières roses de l'automne fleurissent encore dans les jardins, et les vers de Ronsard me chantent douloureusement un souvenir.

Étienne TANTY

Dimanche 25 octobre

Barrès a eu et a su exprimer ce que je ressentais depuis longtemps : « J'ai peine à comprendre qu'un jour de bataille soit en même temps un beau jour paisible d'octobre et que tout y soit pareil aux après-midi ordinaires d'automne, sauf que des petites choses dangereuses voltigent dans l'air. »

Maurice MARÉCHAL

CHAPITRE 3

Hivers

Hivers : saisons des tracas de la nature. Saisons de misère. Saisons de la froidure et des pieds gelés. Saisons de l'attente. Saisons de la terre que l'on ne peut briser. Saisons des vents qui gercent et qui coupent la peau. Saisons de rations, de faim, de soif et d'une intendance qui ne suit plus. Saisons de pillages et de rapines dans des maisons vides. Noëls sans messie, sans étoiles et sans paille propre. Noëls sans bois, Noëls sans feu, Noëls sans cheminées. Noëls sans femmes, sans vieillards et sans enfants. Saisons des poux, des puces et des parasites. Saisons des maladies ; saisons des neiges salies, rougies par les entrailles humaines. Saisons des punitions, des permissions annulées, des brimades hiérarchiques. Saisons de discipline. Saisons de boue, de bise et de glace. Saisons des trêves officieuses et des fraternisations d'un soir. Saisons des colis, des chaussettes tricotées et des ceintures de flanelle. Saisons de beuverie. Saisons de la vinasse et de l'alcool de bois. Saisons troglodytes. Saisons gluantes et visqueuses. Saisons de fièvres, de frissons, de spasmes et de dysenterie. Saisons des rats, saisons de crasse, de corps sales qui ne se dévêtent plus. Saison des cadavres mal enterrés. Saisons des conseils de guerre hystériques et bâclés. Saisons des fusillés de Vingré ou d'ailleurs. Saisons des putains laides, vieilles et usées. Saisons de toutes les véroles. Saisons du manque d'amour et du besoin de chaleur humaine. Saisons entre hommes : saisons des amours interdites. Saisons du givre sur les vitraux obscurs des églises fermées. Saisons d'un Dieu sourd et des prières que personne n'écoute.

Christian Bordeching, lieutenant dans l'armée allemande, était le fils d'horticulteurs allemands domiciliés à Brême. Il était étudiant en architecture et écrivait très souvent à sa sœur Hanna, celle de ses trois sœurs avec laquelle il avait le plus d'atomes crochus. Il fut tué sur le front le 20 avril 1917 ; il avait 24 ans.

Le 24, 25 février 1916

Ma chère Hanna,

J'ai reçu hier ton colis avec la marmelade et aujourd'hui celui avec les oranges et l'œuf. Comme d'habitude j'ai été content au plus haut point, c'était l'unique chose qui m'a été apportée par la poste ce jour, car honteusement l'on espère quotidiennement recevoir quelque chose. Les gourmandises que je préfère sont tout d'abord les biscuits et les cakes, puis ensuite le chocolat, le massepain, le miel, les oranges et les bonbons acidulés.

Aujourd'hui je te joins à ma lettre quatre marks. J'ai envoyé à la maison des photos, vas-y pour les voir.

Fahlbusch se porte bien ainsi que les autres bonshommes. Tu me demandes ce que nous mangeons. Dans la semaine en moyenne deux fois de la soupe aux pois à la couenne de lard, deux fois du bouillon de riz sucré, une fois des haricots verts et une fois de la soupe de riz avec de la viande de bœuf. On mange à même le couvercle de notre casserole de fer, et j'ai toujours dans ma poche ma cuillère, juste essuyée à l'aide de papier. Tous les huit jours, je dors une fois sans mes bottes, tous les dix jours je change de chaussettes et je reçois ma solde de cinq marks trente. Je dors toujours habillé, les pieds enfoncés dans un sac, le manteau par-dessus, puis recouvert d'une couverture de laine où je m'enfouis entièrement dessous. Pour nous asseoir, nous avons au mieux une caisse, mais le plus souvent rien du tout. Nous nous asseyons par terre, sur la paille. Dans notre groupe, nous allons chercher notre café dans une batterie de cuisine française, c'est très grand et chacun se sert lui-même avec sa tasse souillée. Personne n'a peur de la crasse : on s'y est habitués ; on rince, on boit et l'on se lave dans l'eau des tranchées. Mon bonnet à l'intérieur a l'air d'une caisse de charbon et des nuages de poussière sortent de mon uniforme. Je ne peux me laver que tous les deux jours. Tu devrais voir nos latrines, elles

sont à mourir de rire : un simple tronc de bouleau où l'on est aligné derrière contre derrière et qui offre, du chemin principal, une belle vue. Nous avons eu si peu de pain cette semaine que la plupart ont déjà mangé leurs biscuits de secours. Si tu veux en savoir davantage, tu n'as qu'à me demander des détails.
Tu peux sûrement t'expliquer ma mauvaise écriture, assieds-toi donc par terre, mets un livre sur lequel tu peux écrire sur tes cuisses, et pose entre tes genoux une bouteille avec une faible lumière.
A présent, je vais cesser mon bavardage et vais bien récupérer, car je suis exempt de service de nuit. Demain vers 11 h 30, il y aura encore de gentilles nouvelles de toi.
En grande amitié à sa fidèle sœur qui prend soin de lui.

Christian

Amitiés à Heinz et Glocvkli (Clochette).

Gaston Biron avait vingt-neuf ans en 1914. Après de solides études, il était devenu interprète, et la guerre avait fait de lui un soldat appartenant au 21e bataillon de chasseurs à pied. Ses parents étaient d'origine auvergnate, et exerçaient une activité de grossistes en produits laitiers dans la région parisienne. Gaston était le seul frère de six sœurs : Berthe, Hélène, Blanche, Marguerite, Madeleine et Marie.

6 septembre 1916
Mercredi soir
Ma chère mère,
Je t'envoie quelques lignes des tranchées où nous sommes depuis dimanche soir. De la boue jusqu'à la ceinture, bombardement continuel, toutes les tranchées s'effondrent et c'est intenable, nous montons ce soir en 1re ligne mais je ne sais pas comment cela va se passer, c'est épouvantable. Nous avons déjà des tués et des blessés et nous avons encore deux jours à y rester. Je donnerais cher pour être loin d'ici. Enfin espérons quand même.
Adieu, et une foule de baisers de ton fils qui te chérit.

Gaston

Roger B.
Brigadier téléphoniste

Au front
Ce 31 décembre 1916
Cher Maître,
Si vous saviez comme on s'ennuie par les jours noirs et les nuits blanches, comme au long des lignes téléphoniques la boue des boyaux colle aux semelles lourdes d'eau, si vous saviez comment est long ce troisième hiver d'interminable bataille, comme on est seul parfois, au milieu même des camarades, quand on redit toutes les paroles de la veille lorsqu'il ne faut pas dormir ou que le sommeil ne vient pas.
Si vous saviez qu'il nous manque des livres et si j'osais vous en demander ; peut-être parmi tous les chefs-d'œuvre que vous avez écrits, trouveriez-vous, dans un coin, deux ou trois brochures fatiguées et ternies et, paternellement, me les enverriez-vous ?
S'il en est ainsi, pour moi et les amis à qui vous aurez fait oublier le fardeau de quelques heures grises, je vous remercie de tout mon cœur et vous prie d'accepter l'hommage de ma lointaine poignée de main.

Roger B.

Pierre Prouteau avait vingt ans lorsqu'il vint se battre sur les champs de bataille de Verdun. Il était berrichon et fils de menuisier. Tout en ayant appris le métier fort jeune, il continua ses études et passa son bac. Après la guerre, Pierre entra dans les chemins de fer, comme d'autres poilus auxquels certains emplois étaient réservés en priorité. Sa fille épousa le fils de son meilleur ami rencontré sur les champs de bataille.

10 juin 1916
Chers parents,
J'ai reçu votre colis hier matin, mais en raison de notre installation je n'ai pu vous en avertir que par une simple carte.
Nous étions depuis quatre jours en avant-poste la nuit et de jour dans une espèce d'abri où nous aurions pu tenir à quatre et où nous étions quinze. Avec cela dans l'eau et comme quelques-uns, moi en particulier [nous] avions la drille. Jugez de notre situation quand vous saurez que nous ne devions pas sortir.

D'ailleurs, voilà encore huit jours de pénitence de faits avec de la pluie à volonté et peu de nourriture.
Nous sommes relevés ce soir pour aller huit jours en réserve où j'espère bien me retaper.
Aujourd'hui je prends le poste de liaison de jour avec deux hommes et comme nous sommes à peu près bien, sans pouvoir toutefois sortir, je fais quelques lignes.
Vous ne devineriez jamais, oh ! non, je vous le donne dans le mille, où nous sommes abrités ! Il vaut donc mieux vous le dire.
Eh bien, dans un caveau, auquel un obus a fait une petite ouverture et dans lequel nous sommes en compagnie de deux squelettes. Comme abri c'est assez solide, mais aussi assez macabre. Peut-être est-ce un ancien cimetière. Je ne puis rien répondre là-dessus vu l'état du terrain.
La nuit, le poste est installé dans les décombres d'une ferme dont il ne reste que quelques pierres éparses de-ci de-là. Voici une marguerite que j'y ai cueillie.
Merci encore de votre colis. Le petit flacon surtout m'a fait bien plaisir.
Avez-vous reçu ma lettre dans laquelle je vous demandais quelques conserves à la vinaigrette ? Le sucre aussi est le bienvenu. Vous pourrez en envoyer d'autres à l'occasion. Après nos huit jours de réserve nous remonterons encore faire pénitence pendant huit autres jours. Pendant cette période, faites si vous le pouvez deux ou trois colis.
Si le temps pouvait se remettre au beau comme il aurait l'air de vouloir le faire, nous serions moins malheureux, mais nous n'avons pas eu de veine pendant ces huit jours. Il a fait un temps dégoûtant, de l'eau dessus, de l'eau dessous, de la boue partout. Vous avez l'air de trouver mauvais que je prenne pas mon vin, mais c'est l'estomac qui n'en veut pas. Il est détraqué, le malheureux. Les jambes sont un peu pareilles et en un mot tout le pauvre individu. Vous me faites un mystère aussi : de qui tenez-vous la viande de l'un des derniers colis. Mais vous devriez bien le dire car je n'aime guère les mystères. Le petit carnet que vous m'avez envoyé fait bien mon affaire.
Merci encore ; je vous quitte car il va falloir aussi que j'écrive à Charles.
Au revoir donc et bons baisers.

Pierre PROUTEAU

Auxence Guizart était agriculteur et fils d'agriculteurs. Il était originaire de Crépy dans le Pas-de-Calais ; il avait dix-neuf ans en 1914 et fut mobilisé tout comme ses deux frères, Alfred et Etienne. Etienne fut tué à dix-neuf ans, en 1916. Auxence est mort pendant le mois d'avril 1918, dans la Somme près de Montdidier. Seul Etienne eut la chance de survivre à quatre années de guerre.

Le 13 novembre 1916

Chers parents

[...] Il y a beaucoup de poilus qui se font encore évacuer aujourd'hui pour pieds gelés. Quant aux miens, ils ne veulent pas geler malheureusement car je voudrais bien une évacuation aussi. Il n'y fait pas bon ici en arrière : ce sont les avions qui font des ravages terribles et en avant c'est loin de marcher comme les journaux vous annoncent. Ceux-ci sont des bourreurs de crâne pour encourager le civil, n'y croyez rien, comme je vous ai déjà dit c'est la guerre d'usure en bonshommes, en tout. Je termine pour aujourd'hui en vous embrassant de grand cœur.

Votre fils dévoué,

Auxence

Jean Dron

Le 12 septembre 1915

[...] Cette tuerie durerait encore plusieurs années que ça serait encore les mêmes qui seraient encore dans les tranchées, et quoi faire et dire, ils nous tiennent et nous matent à leur guise. Ils veulent les avoir, c'est facile à dire et à écrire. Ceux qui font les articles de journaux souffrent moins que moi en t'écrivant, car moi, ma petite Lucie, pour me consoler, je n'ai que ton image qui est constamment devant moi pour t'écrire. C'est facile avec la peau des autres de dire : Nous les aurons. Ça sera long mais nous tiendrons juste un jour de plus qu'eux. S'ils veulent les avoir, ils feraient pas mal de venir les chercher et les prendre. Moi je donnerais bien ma part. Mais ils sont à l'arrière, roulent les autos et avant ils faisaient raser la moustache pour les défigurer à des hommes qui maintenant tiendraient aussi bien le volant qu'eux. Il y en a de la fourrée partout de leur sale guerre, sauf dans les tranchées où nous ne sommes que de malheureux travailleurs de tous métiers, et eux font la bombe à l'arrière. Et quand par hasard un des leurs paye de sa peau, toute la presse en parle. On dirait que c'est le dernier de leur race. C'est pour dire à l'opinion publique, ma petite chérie, vous voyez, il en tombe aussi bien des nôtres que des vôtres. Ceux qui sont parmi nous comme gradés, ça se comprend. Si tu avais vu comme ils se font bien servir, ils se font monter le champagne par ballots, fument de gros cigares et touchent du tabac fin. Même les dons, ils regardent dedans et prennent ce qui leur convient. Cependant ils gagnent de l'or plus gros qu'eux et nous un sou par jour. C'est vrai que c'est bien bon pour nous. Nous sommes assez bêtes. [...]

Jean DRON

Henri Aimé Gauthé : carnets de guerre (chapitre 1, page 13).

A peine arrivés, les sacs débouclés, vite ! en quête de pinard ! Cher ! 0,80 F le rouge ! tant pis... malgré la température un peu basse, on a chaud et un litre c'est cent centilitres, un centilitre c'est pas grand et cent, c'est pas un si gros chiffre. Allons-y pour deux cents ! A trois heures du soir un vent de douce saoulerie soufflait, plus altérant que le simoun. Buvons ! ! Le porte-monnaie est hernieux... A cinq heures, les cafés s'ouvrent... Quelle ruée ! Les places sont chères et on n'ose les abandonner, même un instant, qu'au moment où, à force de prendre du liquide, il faut bien en évacuer un peu. J'y vais passer deux heures. La salle est surchauffée par ces haleines et sent la sueur et la crasse. Une table longue de salle d'auberge tiendrait trente buveurs gênés. Il y en a cent. La plupart sont debout, quelques-uns sont assis d'une fesse entre deux buveurs qui leur tournent le dos. Une odeur de mâle flotte, mêlée avec celle du vin répandu [...]
Une bonne accorte illumine le réduit sale et puant, et y apporte une lueur de jouissance douteuse. Le charme de la femme – pourvu qu'elle soit jolie – opère... Perret le brancardier mène le bal, sa taille me paraît plus grande et j'évoque un Méphisto lubrique... Et Satan conduit le bal... De sa magnifique voix, en l'honneur de Margot, il entonne « Si

tu veux fair' mon bonheur, Marguerite... Marguerite... donn' moi ton cœur... ». Bientôt on se perd dans les paroles, mais rauque, énorme, gonflée de mille rêves de luxure, la chanson – l'air plutôt – est chantée en bouches fermées et, formidable, s'enfle et rugit comme un hymne de rut horrible... Les faces congestionnées suent d'alcool, de vin et d'amour... La brute est déchaînée... Les hommes des tranchées chantent leur rentrée dans la vie, éphémère séjour, et le dernier pour beaucoup. Et la scène prend de ce fait une allure bestiale. Beaucoup de ceux-ci sont des héros ; beaucoup, pour leurs camarades, pour le geste, pour... ils ne savent quoi, vécurent une minute sublime ; beaucoup ont droit au salut et au respect, mais débraillés, saouls, lubriques, le geste de l'un d'eux entraînerait cette masse, cette foule monstrueuse, avinée, lasse de dix mois de privations, se vautrant – même les plus délicats – dans cette fange, seul plaisir qui leur soit offert. Lui ne chante pas, calme et froid, mais ses yeux brillent de convoitise et ne quittent pas un coin de peau rose découvert par le décolletage en pointe de ce « Gerbault » aguichant et sans doute pervers.
Si tu veux, fair' mon bonheur...
[...]

Henri Aimé GAUTHÉ

Emile Sautour était originaire de Juillac en Corrèze. Il appartenait au 131e RI et il a été tué sur le front le 10 octobre 1916.

31 mars 1916

Mes bons chers parents, ma bonne petite sœur

Il me devient de plus en plus difficile de vous écrire. Il ne me reste pas un moment de libre. Nuit et jour il faut être au travail ou au créneau. De repos jamais. Le temps de manger aux heures de la soupe et le repos terminé il faut reprendre son ouvrage ou sa garde. Songez que sur vingt-quatre heures je dors trois heures, et encore elles ne se suivent pas toujours. Au lieu d'être trois heures consécutives, il arrive souvent qu'elles sont coupées de sorte que je dors une heure puis une deuxième fois deux heures. Tous mes camarades éprouvent les mêmes souffrances. Le sommeil pèse sur nos paupières lorsqu'il faut rester six heures

debout au créneau avant d'être relevé. Il n'y a pas assez d'hommes mais ceux des dépôts peuvent être appelés et venir remplacer les évacués ou les disparus. Un renfort de vingt hommes par bataillon arrive, trente sont évacués.
Il n'y a pas de discipline militaire, c'est le bagne, c'est l'esclavage !... Les officiers ne sont point familiers, ce ne sont point ceux du début. Jeunes, ils veulent un grade toujours de plus en plus élevé. Il faut qu'ils se fassent remarquer par un acte de courage ou de la façon d'organiser défensivement un secteur, qui paie cela le soldat. La plupart n'ont aucune initiative. Ils commandent sans se rendre compte des difficultés de la tâche, ou de la corvée à remplir. En ce moment nous faisons un effort surhumain. Il nous sera impossible de tenir longtemps ; le souffle se perd. Je ne veux pas m'étendre trop sur des faits que vous ne voudriez pas croire tout en étant bien véridiques, mais je vous dirai que c'est honteux de mener des hommes de la sorte, de les considérer comme des bêtes.
Moindre faute, moindre défaillance, faute contre la discipline 8 jours de prison, par le commandant de la compagnie, porté par le Colonel. Le soldat les fait. Au repos il est exempt de vin et de viande. Nous sommes mal nourris, seul le pain est bon. Sans colis, que deviendrions-nous ?
La nuit que j'ai regagné le secteur actuel, nos officiers nous ont perdus. Nous avons marché trois heures sous bois pour gagner le point de départ. La pluie et la neige tombaient. Il a fallu regagner le temps perdu et par la route nous avons monté en ligne. Mais le danger est grand pour faire passer un bataillon sur une route si bien repérée. Nous avons été marmités mais pas de pertes. Nous avons parcouru quatorze kilomètres en deux pauses. En ce moment c'est beaucoup trop pour des hommes vannés et par un temps abominable.
J'ai voulu vous montrer que ceux qui vous diront que le soldat n'est pas malheureux au front, qu'un tel a de la chance d'être valide encore, mériteraient qu'on ne les fréquente plus. Qu'ils viennent donc entendre seulement le canon au-dessus de leurs têtes, je suis persuadé qu'ils regagnent leur chez-soi au plus vite. Nos misères empirent chaque jour, je les vaincrai jusqu'au bout. A bientôt la victoire, à bientôt le baiser du retour.

Émile

Aimé Gauthé (chapitre 1).

« Comment on visite les tranchées »
Clemenceau est venu dans le front de la Pioche il y a deux jours. La zone était occupée par le 29e. Comme Clemenceau est un personnage – président de la Commission de l'Armée, je crois –, on le reçut avec égard. Le Général de C.A. et le Colonel du 29e le suivaient. Il passa en ligne, distribua force cigares et pipes ; causa avec quelques poilus, histoire de se documenter sur ce qu'on en peut attendre. Inutile de dire que le Général C. l'avait certainement cuisiné d'importance. Devant cet aréopage qui l'écoutait, qui le surveillait, veux-je dire, armé d'un sourire menaçant de représailles, le pauvre bougre intimidé ne put qu'approuver d'un oui les questions habilement posées comme celles-ci : Es-tu sûr de la victoire ? Crois-tu que le civil tiendra ? L'ordinaire est certainement suffisant, n'est-ce pas, Général ? Vous êtes assez mal couché, mais c'est la guerre. Le tout dit de façon à ce que le soldat, déjà monosyllabique devant la hiérarchie n'ait pas le loisir de protester, en admettant qu'il en eut le loisir. Ne sait-il pas d'ailleurs qu'il serait lui-même la première victime de sa sincérité et qu'au surplus, on se moque pas mal de ce qu'il peut penser ; que cela n'importe pas, que le politicien en question, vient chercher ici un effet oratoire et un succès personnel prochain. Clemenceau est un malin. Il a dû les méduser. Et puis le moyen – surtout quand on ne vous en laisse pas le temps – de contredire un homme si considérable, si habile et qui tend un cigare. Clemenceau n'est pas un sot. Il n'ignore pas l'action inutile et nullement probante de son voyage en ligne. Son intérêt le conduisant au C.A., crut-il opportun de corser son voyage ! Soigner sa popularité ? Trouver un argument pour s'installer à la présidence du conseil ? Dans quel cas, le Tigre a dû avoir un cynique sourire s'il pensa réussir à extraire des témoignages favorables qu'il entendait faire une machine de guerre politique. Il en est bien capable !
La raison la moins plausible qui puisse être donnée pour justifier sa tournée, c'est qu'il ait voulu se documenter. Très humblement, je lui en donne un moyen, si toutefois il tient à savoir – ce dont je doute. Inutile d'aller en première ligne, qu'il vienne tout seul, pas reluisant, aux cantonnements de repos des Bons, qu'il se mêle à la foule des soldats et, ayant

choisi quelques types intelligents – sur leur aspect et leur tenue –, qu'il gagne leur confiance – et en dépit du taisez-vous, méfiez-vous, s'il a quelque habileté, il en entendra de belles en deux heures. Il saura de quoi il retourne.
On raconte que, ayant rencontré des territoriaux dans le boyau de Génie, il les arrêta et leur dit : N'est-ce pas que vous commencez à trouver longues vos souffrances ? Personne ne répondit. Il répéta sa question sous une autre forme et finit par obtenir de ces doux un oui lassé mais timide.
Toute notre mentalité est là. Oui, nous en avons plein les poches, oui c'est bête et trop long et trop dur... mais ce oui-là sort de lèvres qu'on sent crispées et qui cependant, honteuses, craintives et admiratrices du galon, s'efforcent de sourire. Rictus pénible qui est une horrible contraction que la peur impose aux muscles.

Aimé

Gervais Morillon était un jeune homme calme, tendre et gai, comme son frère Georges. Les deux frères engagés sur le front étaient les enfants d'un contremaître poitevin qui travaillait dans une pépinière à Breuil-Mingot, tout près de Poitiers qui s'appelait alors Poitiers-la-Romane. Comme leur père, et comme tous les hommes de leur village, les deux frères avaient déjà commencé à travailler dans cette même pépinière avant la guerre. Georges survécut, mais Gervais fut tué à vingt et un ans en mai 1915.

Tranchées-Palace, le 14 décembre 1914

Chers parents,

Il se passe des faits à la guerre que vous ne croiriez pas ; moi-même, je ne l'aurais pas cru si je ne l'avais pas vu ; la guerre semble autre chose, eh bien, elle est sabotée. Avant-hier – et cela a duré deux jours dans les tranchées que le 90e occupe en ce moment – Français et Allemands se sont serré la main ; incroyable, je vous dis ! Pas moi, j'en aurais eu regret.
Voilà comment cela est arrivé : le 12 au matin, les Boches arborent un drapeau blanc et gueulent : « Kamarades, Kamarades, rendez-vous. »
Ils nous demandent de nous rendre « pour la frime ». Nous, de notre côté, on leur en dit autant ; personne n'accepte.

Ils sortent alors de leurs tranchées, sans armes, rien du tout, officier en tête ; nous en faisons autant et cela a été une visite d'une tranchée à l'autre, échange de cigares, cigarettes, et à cent mètres d'autres se tiraient dessus ; je vous assure, si nous ne sommes pas propres, eux sont rudement sales, dégoûtants ils sont, et je crois qu'ils en ont marre eux aussi.
Mais depuis, cela a changé ; on ne communique plus ; je vous relate ce petit fait, mais n'en dites rien à personne, nous ne devons même pas en parler à d'autres soldats.
Je vous embrasse bien fort tous les trois.

Votre fils, Gervais.

Gustave Berthier était un instituteur de la région de Chalon-sur-Saône, tout comme sa femme à laquelle il était marié depuis 1911. Ils habitaient Sousse, en Tunisie. Mobilisé en août 1914, Gustave a été tué le 7 juin 1915 à Bully-les-Mines. Il avait vingt-huit ans.

Le 28 décembre 1914
Ma bien chère petite Alice

Nous sommes de nouveau en réserve pour quatre jours, au village des Brebis. Le service tel qu'il est organisé maintenant est moins fatigant. Quatre jours aux tranchées, quatre jours en réserve. Nos quatre jours de tranchées ont été pénibles à cause du froid et il a gelé dur, mais les Boches nous ont bien laissés tranquilles. Le jour de Noël, ils nous ont fait signe et nous ont fait savoir qu'ils voulaient nous parler. C'est moi qui me suis rendu à 3 ou 4 mètres de leur tranchée d'où ils étaient sortis au nombre de trois pour leur parler.
Je résume la conversation que j'ai dû répéter peut-être deux cents fois depuis à tous les curieux. C'était le jour de Noël, jour de fête, et ils demandaient qu'on ne tire aucun coup de fusil pendant le jour et la nuit, eux-mêmes affirmant qu'ils ne tireraient pas un seul coup. Ils étaient fatigués de faire la guerre, disaient-ils, étaient mariés comme moi (ils avaient vu ma bague), n'en voulaient pas aux Français mais aux Anglais. Ils me passèrent un paquet de cigares, une boîte de cigarettes bouts dorés, je leur glissai *Le*

Petit Parisien en échange d'un journal allemand et je rentrai dans la tranchée française où je fus vite dévalisé de mon tabac boche.
Nos voisins d'en face tinrent mieux leur parole que nous. Pas un coup de fusil. On put travailler aux tranchées, aménager les abris comme si on avait été dans la prairie Sainte-Marie. Le lendemain, ils purent s'apercevoir que ce n'était plus Noël, l'artillerie leur envoya quelques obus bien sentis en plein dans leur tranchée.
Nous voilà aux Brebis maintenant. Faillaut a invité hier tous ses chefs de section. Repas merveilleux qui a dû lui coûter cher. J'ai trouvé un lit chez une bonne vieille où je me repose comme une marmotte.
[...] Fais part de mes amitiés à tous. Mes meilleures caresses aux petites, et à toi mes plus affectueux baisers.

Gustave

Maurice Drans avait vingt-trois ans en 1914. Né à Fresnay-sur-Sarthe, fils de commerçants, il avait fait ses études au Mans. Versé dans le 262ᵉ régiment d'infanterie, Maurice fit lors d'une permission la connaissance de Georgette Clabault, une jeune orpheline avec laquelle il se fiança en 1916. Blessé trois fois pendant la guerre, Maurice épousa Georgette mais leur couple ne dura pas. Comme tant d'autres, Maurice devint instable et bohème. Il exerça mille et un métiers. Il resta toute sa vie homme de lettres et obsédé d'écriture.

Jeudi 17 mai 1917

Pauvre agneau,

Tu me vois couché, les yeux clos, et c'est une épouvante. Et moi j'ai peur de mourir. Au lieu de chasser l'image, je m'y complais, car la suggestion est directe et constante. Au lieu de passer sur ton regard le bandeau ouaté de l'illusion, je trace sur ton front, dans ton idée, une croix rouge ! Te voilà toute frissonnante, tes chères mains brûlantes, toute convulsive comme une fleur au vent, mon aimée ! Hier un glas a tinté, tu t'es agitée, tes beaux bras se sont repliés sur moi comme sur un cadavre. Non je ne veux pas qu'il meure... ! Je ne veux pas ! Et moi j'étais cause de ton martyre. J'avais soufflé brusquement la petite lampe à abat-jour vert intime et qui nous dorait d'extase à nous contempler, et tu te trouvais dans les ténèbres. Dans mes draps de mort, j'entendais ta plainte, et ton âme expirée. Tu m'avais pris et nous nous emportions, nous montions, là-haut, avec nos âmes, dans le ciel. Pourquoi t'ai-je dit cela ? Pourquoi ? Pourquoi ? Pourquoi t'ai-je fait goûter à cet avant-goût de la mort, toi si jeune ? Et me pardonneras-tu ? Certes, je frôle si souvent la mort. Des champs livides des cieux funèbres s'allongent dans mes prunelles fixes et horrifiées si souvent, que, peut-être, sans secousse, délicatement je me devais de t'en effleurer, au cas où ton cœur s'endeuillerait de ma perte, Dieu m'appelant. Alors il ne faudrait pas trop pleurer, pleurer un peu, te souvenir, et refaire de la vie, de l'amour, de la joie d'aimer, et du bonheur de vivre. Si jeune ! Vingt ans ! Celui-là qui viendrait après moi et qui dirait je vous aime ! Il faudrait l'aimer, le chérir aussi, et partager le Destin ! Tu auras besoin de te faire un guide, un soutien, un protecteur, de te créer un foyer, le sanctuaire du foyer avec ses promesses, ses récompenses... Et ce culte de vivre, il n'en faudrait pas rougir, mais t'en glorifier, ma chérie !

Avant-hier soir, dans l'encre bleue de la nuit, je parcourais sur la terre les signes de croix de l'au-delà... C'était l'éparpillement macabre du cimetière sans couverture, sans croix, abandonné des hommes, les gisements épars des cadavres innombrables, sans sépultures, le charnier à nu dans le grouillement des vers et dans les pluies d'obus qui continuaient. Plus d'un millier de cadavres se tordaient là déchiquetés, charriés les uns sur les autres... Je traînais de la nuit vers les lignes, mon fardeau de pièces sur le dos ; je défaillais ; dans ma bouche, dans mes narines ce goût, cette odeur ; l'ennemi et le Français sympathisant dans le rictus suprême, dans l'accolade des nudités violées, confondus, mêlés, sur cette plaine de folie hantée, dans ce gouffre traversé de rafales vociférantes. L'Allemand et le Français pourrissant l'un dans l'autre, sans espoir d'être ensevelis jamais par des mains fraternelles ou pieuses. Aller les recueillir, c'est ajouter son cadavre dans cette fosse toujours béante, car insatiable est la guerre... Chaque nuit, nous longeons cette géhenne pétrifiée où s'agitent les spectres, le cœur chaviré, nous bouchant le nez, les lèvres crispées.

Ô ma Georgette, je devrais te parler d'amour, et je te parle de ça ! Ah ! dans ces moments-là, titubant, ivre, abandonné, frissonnant, naufragé, je tends les bras vers toi, je

t'implore, je te supplie. Je suis un homme pourtant, et des fois je grince des dents pour ne pas pleurer.
Mais le comble, c'est que nous mangeons au retour, après minuit le seul repas par vingt-quatre heures avec la bouche encore pleine des cadavres ; nous mangeons à l'aveuglette sans même un moignon de lumière. Ah ! ça ne coule guère et c'est froid, figé, pas tentant... Au petit jour, ce fut le sursaut, le branle-bas d'angoisse, le tocsin, l'alerte...
Non, je te dirai cela demain ou après-demain. C'est déjà trop de croque-mitaines pour ma petite Georgette aujourd'hui. Je vois ma chérie toute jugée, avec des yeux grands comme ça, tout luisants, et le visage tout pâle, et le corps tout tremblant, et puis une crise de larmes tout à l'heure... Comme je suis méchant...
Ma Georgette je mets mes bras autour de ton cou, et je m'endors, nos lèvres unies.

Ton Maurice

Gabriel Berthout avait vingt ans en 1914 et fut mobilisé comme sous-officier. Il était originaire de l'Oise et ses parents étaient épiciers à Moreuil dans la Somme. Il écrivait souvent à ses parents qui avaient quitté leur terroir d'adoption parce qu'il était devenu un champ de bataille. Gabriel épousa sa fiancée Gabrielle en 1917. Après la guerre, il devint dessinateur industriel puis architecte d'intérieur.

Mes chers parents
J'arrive aujourd'hui de Moreuil via Paris. J'ai obtenu une permission de trois jours pour Moreuil. Je suis resté deux jours à Paris car Moreuil est un désert. Je suis arrivé le 21 à 7 heures du soir à Moreuil avec quelle émotion. Plus rien que des tas de pierres inégaux ; par endroits, des poutres émergent des chevrons et des planchers – ce sont là les maisons les plus épargnées. Malheureusement, la place anéantie complètement ; rien ne reste de notre pauvre maison : un tas de briques pêle-mêle d'où sortent les cinq ou six colonnes en fonte de l'arrière-boutique.
J'ai été au moins cinq minutes avant de pouvoir retrouver l'emplacement exact. C'est la pompe toute tordue et calcinée qui m'a mis sur le bon chemin. La maison a brûlé. Tout absolument tout, il ne reste pas un morceau de papier.

Quand tout fut consumé, les murs de brique se sont écroulés comme un jeu de cartes sous le bombardement. Ici furent mes premières et tristes constatations ; je me suis mis à la recherche d'un peu d'eau à boire mais il n'y en avait pas car tous les puits et toutes les pompes étaient broyés ou bouchés. J'ai eu toutes les peines du monde à trouver un peu à manger car il n'y a pas grand monde, et parmi ce monde aucun civil car ceux qui viennent partent presque instantanément ; donc je me suis reposé la nuit dans une cave, sous une tour du château, qui entre parenthèses est complètement percé et écroulé. De plus, les Aéros boches y font de fréquentes visites pour une raison que je ne puis vous divulguer.
Le lendemain matin je me suis mis à l'ouvrage dès 5 heures car je devais partir à 9 heures, avec une pelle et une pioche, mais, ayant commencé à l'endroit de la salle à manger, à 60 centimètres j'attrapais le carrelage en dessous des briques. Une poussière noire ; triste ; des cendres ; de tout. Le petit calorifère était resté avec son tuyau ainsi que la machine à coudre, tout ce qui est en fer, de même que les pieds de l'établi à papa et le petit étau, ainsi que le moulin à café du magasin, le porte-louche, et l'écumoire, mais tout cela était calciné comme quand on retire un morceau de fer du feu parmi les cendres. J'ai reconnu aussi des morceaux de verre assez épais que j'ai pensé provenir de la glace. Ils étaient tous soufflés et tordus, tout noirs. L'idée me vint de pénétrer dans la cave qui n'a pas souffert mais dont l'entrée était bouchée. Avec beaucoup de précautions j'y parvins car les murs qui restaient, les petits murs en brique ne tenaient plus. Dans la cave, c'était répugnant avant...

Gabriel

Comme vingt-quatre autres poilus injustement accusés d'avoir reculé devant l'ennemi, Jean Blanchard a été jugé et fusillé avec cinq de ses camarades, à Vingré le 4 décembre 1914. Il avait trente-quatre ans et cette lettre fut écrite la veille de son exécution à l'intention de son épouse Michelle. Réhabilité le 29 janvier 1921, Jean est un des six « Martyrs de Vingré ».

3 décembre 1914, 11 h 30 du soir

Ma chère Bien-aimée, c'est dans une grande détresse que je me mets à t'écrire et si Dieu et la Sainte Vierge ne me viennent en aide c'est pour la dernière fois, je suis dans une telle détresse et une telle douleur que je ne sais trouver tout ce que je voudrais pouvoir te dire et je vois d'ici quand tu vas lire ces lignes tout ce que tu vas souffrir ma pauvre amie qui m'es si chère, pardonne-moi tout ce que tu vas souffrir par moi. Je serais dans le désespoir complet si je n'avais la foi et la religion pour me soutenir dans ce moment si terrible pour moi. Car je suis dans la position la plus terrible qui puisse exister pour moi car je n'ai plus longtemps à vivre à moins que Dieu par un miracle de sa bonté ne me vienne en aide. Je vais tâcher en quelques mots de te dire ma situation mais je ne sais si je pourrai, je ne m'en sens guère le courage. Le 27 novembre, à la nuit, étant dans une tranchée face à l'ennemi, les Allemands nous ont surpris, et ont jeté la panique parmi nous, dans notre tranchée, nous nous sommes retirés dans une tranchée arrière, et nous sommes retournés reprendre nos places presque aussitôt, résultat : une dizaine de prisonniers à la compagnie dont un à mon escouade, pour cette faute nous avons passé aujourd'hui soir l'escouade (vingt-quatre hommes) au conseil de guerre et hélas ! nous sommes six pour payer pour tous, je ne puis t'en expliquer davantage ma chère amie, je souffre trop, l'ami Darlet pourra mieux t'expliquer, j'ai la conscience tranquille et me soumets entièrement à la volonté de Dieu qui le veut ainsi ; c'est ce qui me donne la force de pouvoir t'écrire ces mots, ma chère bien-aimée, qui m'as rendu si heureux le temps que j'ai passé près de toi, et dont j'avais tant d'espoir de retrouver. Le 1er décembre au matin on nous a fait déposer sur ce qui s'était passé, et quand j'ai vu l'accusation qui était portée contre nous et dont personne ne pouvait se douter, j'ai pleuré une partie de la journée et n'ai pas eu la force de t'écrire, le lendemain je n'ai pu te faire qu'une carte ; ce matin, sur l'affirmation qu'on disait que ce ne serait rien, j'avais repris courage et t'ai écrit comme d'habitude mais ce soir, ma bien-aimée, je ne puis trouver des mots pour te dire ma souffrance, tout me serait préférable à ma position, mais comme Dieu sur la Croix je boirai jusqu'à la lie le calice de douleur. Adieu, ma Michelle, adieu, ma chérie, puisque c'est la volonté de Dieu de nous séparer sur la terre, j'espère bien qu'il nous réunira au ciel où je te donne rendez-vous, l'aumônier ne me sera pas refusé et je me confierai bien sincèrement à lui, ce qui me fait le plus souffrir de tout, c'est le déshonneur pour toi, pour nos parents et nos familles, mais crois-le bien, ma chère bien-aimée, sur notre amour, je ne crois pas avoir mérité ce châtiment, pas plus que mes malheureux camarades qui sont avec moi et ce sera la conscience en paix que je paraîtrais devant Dieu à qui j'offre toutes mes peines et mes souffrances et me soumets entièrement à sa volonté. Il me reste encore un petit espoir d'être gracié, oh bien petit ! mais la Sainte Vierge est si bonne et si puissante et j'ai tant confiance en elle que je ne puis désespérer entièrement.

Notre-Dame de Fourvière à qui j'avais promis que nous irions tous les deux en pèlerinage, que nous ferions la communion dans son église et que nous donnerions cinq francs pour l'achèvement de sa basilique, Notre-Dame de Lourdes que j'avais promis d'aller prier avec toi au prochain pèlerinage dans son église pour demander à Dieu la grâce de persévérer dans la vie de bon chrétien que je me proposais que nous mènerions tous les deux ensemble si je retournais près de toi, ne nous abandonneront pas et si elles ne m'exaucent pas en cette vie, j'espère qu'elles m'exauceront en l'autre. Pardonne-moi tout ce que tu vas souffrir par moi, ma bien-aimée, toi que j'ai de plus cher sur la terre, toi que j'aurais voulu rendre si heureuse en vivant chrétiennement ensemble si j'étais retourné près de toi, sois bien courageuse, pratique bien la religion, va souvent à la communion, c'est là que tu trouveras le plus de consolation et le plus de force pour supporter cette cruelle épreuve. Oh ! si je n'avais cette foi en Dieu en quel désespoir je serais ! Lui seul me donne la force de pouvoir écrire ces pages. Oh ! bénis soient mes parents qui m'ont appris à la connaître ! Mes pauvres parents, ma pauvre mère, mon pauvre père, que vont-ils devenir quand ils vont apprendre ce que je suis devenu ? Ô ma bien-aimée, ma chère Michelle, prends-en bien soin de mes pauvres parents tant qu'ils seront de ce monde, sois leur consolation et leur soutien dans leur douleur, je te les laisse à tes bons soins, dis-leur bien que je n'ai pas mérité cette punition si dure et que

nous nous retrouverons tous en l'autre monde, assiste-les à leurs derniers moments et Dieu t'en récompensera, demande pardon pour moi à tes bons parents de la peine qu'ils vont éprouver par moi, dis-leur bien que je les aimais beaucoup et qu'ils ne m'oublient pas dans leurs prières, que j'étais heureux d'être devenu leur fils et de pouvoir les soutenir et en avoir soin sur leurs vieux jours mais puisque Dieu en a jugé autrement, que sa volonté soit faite et non la mienne. Tu demanderas pardon aussi pour moi à mon frère ainsi qu'à toutes nos familles de l'ennui qu'ils vont éprouver par moi, dis-leur bien que je m'en vais la conscience tranquille et que je n'ai pas mérité une si dure punition et qu'ils ne m'oublient pas dans leurs prières. A toi ma bien-aimée, mon épouse si chère, je te le répète : je n'ai rien fait de plus que les autres, et je ne crois pas, sur ma conscience, avoir mérité cette punition. Je te donne tout ce qui m'appartient, ceci est ma volonté, j'espère qu'on ne te contrariera pas, j'en ai la conviction tu prendras bien soin de nos parents, tu les assisteras dans leurs besoins, tu me remplaceras le plus que tu pourras auprès d'eux, c'est une chose que je te recommande beaucoup et que j'espère bien ; tu ne me refuseras pas, j'en ai la certitude ; sois toujours une bonne chrétienne, pratique bien la religion c'est là où tu trouveras le plus de consolation et le plus de bonheur sur terre, nous n'avons point d'enfant ; je te rends la parole que tu m'as donnée de m'aimer toujours et de n'aimer que moi, tu es jeune encore, reforme-toi une autre famille ; si tu trouves un mari digne de toi et qui pratique la religion, épouse-le. Je te dégage de la parole que tu m'as donnée, garde-moi un bon souvenir et ne m'oublie pas dans tes prières, tu me feras dire des messes, ceci à ta volonté, et tu prieras bien pour moi, je me voue à la miséricorde de Dieu et me mets sous la protection de la Sainte Vierge dont je demande son secours de Notre-Dame du Mont Carmel dont je porte le scapulaire que tu m'as donné et te donne rendez-vous au ciel où j'espère que Dieu nous réunira.
Au revoir là-haut, ma chère épouse.

Jean

Le caporal Henry Floch était greffier de la justice de paix à Breteuil. Il est un des six « Martyrs de Vingré ».

Ma bien chère Lucie,

Quand cette lettre te parviendra, je serai mort fusillé.

Voici pourquoi :

Le 27 novembre, vers 5 heures du soir, après un violent bombardement de deux heures, dans une tranchée de première ligne, et alors que nous finissions la soupe, des Allemands se sont amenés dans la tranchée, m'ont fait prisonnier avec deux autres camarades. J'ai profité d'un moment de bousculade pour m'échapper des mains des Allemands. J'ai suivi mes camarades, et ensuite, j'ai été accusé d'abandon de poste en présence de l'ennemi.

Nous sommes passés vingt-quatre hier soir au Conseil de Guerre. Six ont été condamnés à mort dont moi. Je ne suis pas plus coupable que les autres, mais il faut un exemple. Mon portefeuille te parviendra et ce qu'il y a dedans.

Je te fais mes derniers adieux à la hâte, les larmes aux yeux, l'âme en peine. Je te demande à genoux humblement pardon pour toute la peine que je vais te causer et l'embarras dans lequel je vais te mettre...

Ma petite Lucie, encore une fois, pardon.

Je vais me confesser à l'instant, et espère te revoir dans un monde meilleur.

Je meurs innocent du crime d'abandon de poste qui m'est reproché. Si au lieu de m'échapper des Allemands, j'étais resté prisonnier, j'aurais encore la vie sauve. C'est la fatalité.

Ma dernière pensée, à toi, jusqu'au bout.

Henry FLOCH

Léonard Leymarie, simple soldat fusillé à Vingré.

Je soussigné, Leymarie, Léonard, soldat de 2e classe, né à Seillac (Corrèze).

Le Conseil de Guerre me condamne à la peine de mort pour mutilation volontaire et je déclare formelmen que je sui innocan. Je suis blessé ou par la mitraille ennemie ou par mon fusi, comme l'exige le major, mai accidentelmen, mai non volontairemen, et je jure que je suis innocan, et je

répète que je suis innocan. Je prouverai que j'ai fait mon devoir et que j'aie servi avec amour et fidélitée, et je je n'ai jamais féblie à mon devoir.
Et je jure devandieux que je sui innocan.

LEYMARIE Léonard

Marcel Garrigues était originaire de Tonneins dans le Lot-et-Garonne. Il était électricien et il avait trente et un ans en 1914. En dix-sept mois de guerre, il n'a jamais revu sa famille, car ses permissions étaient toujours annulées au dernier moment. Il a été tué le 12 décembre 1915 par une balle perdue alors qu'il servait les repas de ses camarades. Il avait en poche trois billets de cinq francs, trois pièces de un franc, une pipe, un porte-crayon, un porte-monnaie contenant des médailles et des bagues en aluminium et des lettres de son épouse. Marcel aurait dû retrouver sa femme et ses quatre enfants pour sa première permission, deux jours plus tard en gare de Tonneins. Et c'est sur le quai de la gare, en croisant ses amis qui venaient en permission, que sa famille apprit la terrible nouvelle. Son fils Armand fut tué en déportation vingt-cinq ans plus tard après avoir été dénoncé à la Gestapo parce qu'il distribuait des tracts.

Samedi 31 juillet 1915
Chère femme
Je voulais t'écrire hier mais j'étais tellement fatigué et j'avais la tête sens dessus dessous que je n'ai pas eu le courage de le faire. Je vais te raconter en quelques mots à la scène que nous avons assisté. Nous étions à Bully avant hier soir on nous dit que le lendemain le réveil était à 2 heures, que nous allions passer la revue de notre vénérable général Joffre et d'être le plus propre possible. Si je m'étais attendu à ça, je me serais fait porter malade, j'aurais eu huit jours de prison mais au moins je n'aurais pas assisté à un assassinat. Ça s'était vaguement dit : « c'est pour une dégradation » mais jamais je ne me serais attendu à une exécution. Nous sommes partis du cantonnement vers les 3 heures, on nous a conduits dans un parc. Là on nous a fait former en rectangle et en voyant le poteau nous avons compris mais trop tard à la scène que nous allions assister. C'était pour fusiller un pauvre malheureux qui dans un moment de folie tant que nous étions à Lorette a quitté la

tranchée et a refusé d'y revenir. Vers 4 heures, deux autos arrivent, une portant le pauvre malheureux et l'autre les chefs qui avant l'exécution devaient lire les rapports le condamnant à la peine de mort. Il est arrivé entre deux gendarmes, a regardé en passant le poteau, puis à quelques pas plus loin on lui a bandé les yeux. Puis une fois la lecture faite on l'a conduit au poteau, où, après avoir reçu les ordres de se mettre à genoux, il l'a fait sans un geste, ni un murmure de refus. Pendant ce temps, les douze soldats qui étaient chargés de ce triste travail se sont mis à six pas comptés d'avance par un adjudant commandant le peloton d'exécution. Puis après lui avoir attaché les mains au poteau et nous avoir fait mettre au présentez-armes nous avons entendu les tristes commandements (« joue-feu... ») puis ce pauvre malheureux s'est tordu et un sergent lui a donné le coup de grâce, une balle de revolver dans la tête. Le major est allé voir ensuite s'il était mort, il a levé la tête comme qui veut le regarder puis plus rien. Le crime était accompli. Ensuite nous avons défilé devant le cadavre qui cinq minutes auparavant était bien portant et qui est mort en brave. Puis à vous pauvres on vous dit que le moral est excellent mais on ne vous dit pas que chaque jour et presque dans chaque division il y en a plus de vingt qui passent le conseil de guerre, mais ils ne sont pas tous condamnés à mort. On vous dit aussi : « Le soldat est bien nourri sur le front, il a de tout de reste » ce n'est pas difficile car ce que l'on nous donne est immangeable. Aussi souvent nous la sautons et dernièrement après que l'on nous a servi une soupe que les chiens n'auraient pas mangée j'ai demandé une ceinture, on voulait me foutre dedans. Heureusement qu'avec les colis que nous recevons tous, nous pouvons presque vivre. Je termine en t'embrassant mille fois ainsi qu'aux gosses et à toute la famille. Le bonjour aux voisins et amis. Reçois mille baisers de ton mari ainsi que les gosses.

Ton mari Marcel

Michel Taupiac dit « François » avait vingt-neuf ans en 1914. Il était le fils d'ouvriers agricoles du Tarn-et-Garonne. Il avait l'habitude d'écrire souvent à son ami Justin Cayrou qui ne fut mobilisé qu'à la fin de l'année 1915, parce qu'il avait perdu un œil et que les conseils de révision ne le déclarèrent bon pour l'armée que lorsque les troupes commencèrent à manquer. Après la guerre, Michel Taupiac devint pêcheur sur la Garonne, mais aussi herboriste et guérisseur à ses heures.

Dimanche 14 février 1915

Cher ami

Quand nous sommes arrivés par ici au mois de novembre, cette plaine était alors magnifique avec ses champs à perte de vue, pleins de betteraves, parsemés de riches fermes et jalonnés de meules de blé. Maintenant c'est le pays de la mort, tous ces champs sont bouleversés, piétinés, les fermes sont brûlées ou en ruine et une autre végétation est née : ce sont les petits monticules surmontés d'une croix ou simplement d'une bouteille renversée dans laquelle on a placé les papiers de celui qui dort là. Que de fois la mort me frôle de son aile quand je galope le long des fossés ou des chemins creux pour éviter leurs « shrapnels » ou le tac-tac de leurs mitrailleuses. La nuit, j'ai couché longtemps dans un tombeau neuf, puis on a changé de cantonnement et je suis maintenant dans un trou que j'ai creusé après un talus. J'emporte ma couverture pendue à ma selle, ma marmite de l'autre côté et en route. J'étais l'autre jour dans les tranchées (des Joyeux). Je n'ai jamais rien vu de si horrible. Ils avaient étayé leurs tranchées avec des morts recouverts de terre, mais, avec la pluie, la terre s'éboule et tu vois sortir une main ou un pied, noirs et gonflés. Il y avait même deux grandes bottes qui sortaient dans la tranchée, la pointe en l'air, juste à hauteur, comme des porte-manteaux. Et les « joyeux » y suspendaient leurs musettes, et on rigole de se servir d'un cadavre boche comme portemanteau. (Authentique.) Je ne te raconte que des choses que je vois, autrement je ne le croirais pas moi-même. [...] Je compte que tu m'enverras des nouvelles de là-bas et je te quitte en t'envoyant une formidable poignée de main.

TAUPIAC

Brigadier 58ᵉ régiment 48ᵉ batterie 68ᵉ secteur

Florilège hivers

Hiver 1916

Nous sommes dans l'Aube.
L'aube des mauvais jours. Il neige. Il fait froid. Triste retour de permission. Les permissions, ça ne devrait pas être. Se retremper dans la vie qui devrait être notre vie ; vie que nous devrions avoir oubliée à jamais, vie retrouvée quelques heures et qui nous laisse un horrible cauchemar qu'on appelle le cafard. C'est la gaieté qui disparaît, l'énergie annulée, la vie sans espoir. Vivre pour souffrir. Les heures passent mornes, sans laisser voir un jour meilleur, ni proche ni même lointain. Il fait froid, nous pataugeons dans la neige fondue. Pas de feu, pas de table pour écrire, pas de banc. Rien, pas même les tuiles qui nous abritent, ne nous semble hospitalier. Le tas de blé où je me couche et où j'écris caché à la lueur d'une lampe faite ce soir d'une boîte à sardines trouvée dans la boue du chemin...

Marcel SOUTIF

1915

Je ne sais pas si je pourrais dormir dans un lit à présent, on est habitués à coucher par terre ou sur la paille quand on peut en trouver. Il y a bien deux mois que je ne me suis pas déshabillé, et j'ai enlevé mes souliers cette nuit pour dormir ; il y avait au moins quinze jours que je ne les avais pas quittés.
Je vais te donner quelques détails comment nous avons passé la nuit dans la tranchée. Celle que nous avons occupée [...] a une longueur de cent mètres à peu près, construite à la lisière d'un petit bois, à trois mètres en dedans ; elle est profonde d'un mètre, la terre rejetée en avant, ce qui fait que l'on peut passer debout sans être vu. La largeur est généralement de quinze centimètres et l'on fait de place en place des endroits un peu plus larges de façon à pouvoir se croiser quand on se rencontre. Dans

le fond de la tranchée et sous le terrain, on creuse de petites caves où un homme peut tenir couché, c'est pour se garantir des éclats d'obus.

Adolphe WEGEL

3 décembre 1917

La censure, tu le sais, est impitoyable ici et certains pauvres poilus ont appris à leurs dépens qu'ils ne devaient pas avoir la langue trop longue, ni même recevoir des lettres (qui sont d'ailleurs supprimées) sur lesquelles les parents ont souvent aussi la langue un peu longue. C'est révoltant mais c'est ainsi. Il semblerait qu'une lettre est une chose sacrée, il n'en est rien. Sois donc prudente, ma chérie, et si tu veux que je reçoive toutes tes lettres, ne me parle pas de la guerre. Contente-toi de me parler de notre grand amour, cela vaut beaucoup plus que tout.
Gros bécot,

Henri BOUVARD

1915

J'ai écrit une carte ce matin à Julien où je lui expliquais la pénible corvée que nous avons faite ce matin. Le code de justice militaire est très sévère en temps de guerre et ceux qui veulent tirer au flanc s'en repentissent durement. Je verrai toujours devant mes yeux cet homme à genoux, les yeux bandés, les mains attachées au poteau ; un feu de salves, et c'en est fini de l'existence. Pourtant, ce n'est pas un crime qu'il avait commis, alors que nous montions à Notre-Dame de L. Il était resté en arrière, en essayant de sauver sa peau, il s'est embourbé davantage. Je ne connais pas ses antécédents, mais il me semble qu'on aurait pu avoir un peu de pitié, car cet homme est père de quatre enfants. On a voulu faire un exemple et cela est tombé sur lui, c'est un malheur, mais d'un autre côté cela donnera à réfléchir à tous ceux qui ont l'habitude de tirer au flanc.

Adolphe LENOIR dit René

1er décembre 1914

Lézignan

Je viens de recevoir le colis avec le tricot, les chaussettes, le pâté, les biscuits et la saucisse, tout cela est bien bon. Je te remercie beaucoup. Le tricot me convient aussi, il vaut mieux qu'il soit blanc pour mettre en dessous et puis il est très chaud, ainsi que les chaussettes. Pour le caleçon, ne te dérange pas, si j'y vais nous l'achèterons tous les deux, pour le moment je n'ai pas froid. Je ne sais pas si je resterai longtemps à l'hôpital mais j'ai l'espoir de rester quelque temps, car j'ai besoin d'engraisser un peu. Je te dirai que mes parents m'ont écrit, ils m'ont envoyé 10 francs. Je ne suis pas à plaindre pour un certain temps, ne te fais pas du mauvais sang. Embrasse bien les enfants pour moi. Le petit Jean, il me semble que je ne le connaîtrais pas, il doit avoir changé un peu. Mais il me semble que tu aurais dû le sevrer car il te fatigue trop. Sur ta prochaine lettre tu me diras si ta mère est avec toi. Tu la remercieras beaucoup de ma part de t'avoir aidée. Si tu as trop de travail de temps en temps, tu pourrais prendre une femme et te faire aider, choisis quelqu'un de confiance.

François SUTRA

Virginy, le 28 novembre 1914

Tu ne peux croire le plaisir que cela fait quand on reçoit un colis, on est comme de grands enfants ici. Un rien te contente comme un rien t'attriste. Tu vois tous ces pères de famille, au courrier, l'œil et l'oreille aux aguets, épier et attendre s'il y a une lettre ou un colis pour eux. Quand ils n'en ont pas, quelle déception ! Quand ils ont une lettre ils ont le sourire, vivement ils la décachettent, avidement la parcourent pendant que d'un revers de main, ils écrasent la larme qui était au coin de l'œil.

Ton ami

Le 3 mai 1916

Tu ne peux pas te faire idée, ma chère, combien nous sommes malheureux ; donc pourtant je n'ai pas trop l'habitude de me plaindre, mais ce coup-ci j'y suis obligé car c'est une chose au-dessus de l'imagination, c'est à ne pas pouvoir te dire. Dans ce tunnel, nous sommes une affaire de trois mille hommes en réserve, dans une humidité car l'eau ruisselle tout le long des murs, et il faut pourtant coucher là sur la voie de chemin de fer. On va chercher les vivres en pleine nuit près de Verdun, accompagnés tout le long du chemin par les obus, ce qui fait que nous ne pouvons faire qu'un repas par jour et sans soupe. Pour se rendre aux premières lignes, c'est très pénible et très dangereux ; un kilomètre environ avant d'arriver, il y a un passage dénommé le ravin de la mort, qui sait les hommes qu'il y a de tués là-dedans ; il faut y passer, il n'y a pas d'autre endroit.

Joseph GILLES

6 décembre 1915

Nous avons touché des bottes de tranchées. Ce sont de grandes bottes de caoutchouc dans lesquelles on rentre tout chaussé déjà et qui vous préservent bien de l'humidité, mais passe-moi l'élégance ! [...] car nous avons tout de la bête féroce. C'est inénarrable, te dis-je !

Pierre PROUTEAU

Dimanche 22 novembre 1914

Voilà quelques jours qu'il fait très froid, il gèle très fort chaque nuit, hier matin le thermomètre était à 9 degrés au-dessous de zéro ; le canal de la Marne au Rhin qui passe par ici est tout gelé, aussi je t'avoue franchement que la nuit c'est bien le moment de s'enfoncer le nez sous la paille, sans crainte des rats qui peuvent très bien nous grignoter le bout du nez sans qu'on le sorte dehors car la bise souffle rudement et passe à travers les tuiles, je viens de faire faire des feuillées « cabinets » ; la terre est gelée sur une profondeur d'au moins 12 centimètres, c'est te dire qu'il ne fait pas chaud.
Voilà une dizaine de jours que nous n'avons pas été au combat, le canon tonne dans le lointain ; je ne sais pas si un de ces jours il ne nous appellera pas mais, que veux-tu ? puisque nous sommes là pour ça.

Joseph GILLES

Le 26 mai 1916

De la façon qu'il a été tué, il faut réellement croire que c'est une destinée. L'obus tomba peut-être à 100 mètres loin de nous deux, un petit éclat à peine gros comme un grain de maïs vint le frapper au front ; le sang jaillit aussitôt, j'étais embarrassé de lui arrêter. Il eut la force de me dire « arrête-moi le sang et tu écriras à ma femme que je suis gravement blessé » ; ce fut ses dernières paroles et il donna en même temps son dernier soupir.

Joseph GILLES

25 août 1916

De tout cela, quand je réfléchis, je constate que le patriotisme du début, emballé, national, a fait place dans le monde militaire à un patriotisme d'intérêt... Pauvre officier de troupe, fais-toi crever la paillasse... Sois tranquille, ces Messieurs de l'Etat-Major auront des citations ! Cela, je m'en foutrais si avec cette façon d'agir, les événements de la guerre ne se prolongeaient pas... Maintenant on envisage la campagne d'hiver, l'usure allemande ne pouvant survenir qu'après cette époque... Qu'importe au monde militaire que la guerre dure un peu plus ou un peu moins... Ces Messieurs ont des abris solides, sont à l'arrière dans des pays... et le pauvre poilu, le pauvre « officier de troupe », comme ils disent, eux ils sont là pour se faire casser la g..., vivre dans des trous infects... avoir toutes les responsabilités.

Ah ! jamais je ne le répéterai assez, nos poilus sont des braves, ils peuvent tous être des héros s'ils sont conduits par des officiers qui font leur devoir, des officiers qui connaissent leur vie, qui ne se cachent pas quand les obus tombent et qui osent au contraire montrer qu'ils peuvent en imposer à l'ennemi. Et pour cela, il faudrait qu'à quelque service qu'ils appartiennent, les officiers délaissent les criminelles questions d'avancement de l'heure actuelle, ne voient que leur devoir à remplir et que consciencieusement ils le remplissent. Hélas !!

Georges GALLOIS

CHAPITRE 4

Printemps

Printemps, saisons de la mort qui pousse et de l'évidence des cycles brisés. Saisons des gelées tardives et des boutures avortées ; saisons de la vie qui ne se montre plus, saisons de la sève qui ne monte plus. Saisons du cafard, du découragement, de la solitude et de la détresse. Saisons du manque de famille. Printemps, saisons stériles. Vision des arbres arrachés, des troncs morts. Visions d'herbe sans herbe, de bourgeons sans bourgeons et de fleurs sans fleurs. Saison des bulbes empoisonnés. Saisons de la guerre totale. Saisons des amours sans amour. Paysages lunaires. Visions d'astre mort. Saisons des offensives inutiles et sanglantes. Saisons des mutineries stériles et désespérées. Saisons des sources étranglées ; saisons des tombes inondées. Saisons des gaz et des poisons. Nature avide et carnivore. Ecluses rouillées. Corps jeunes et mal rasés qui pourrissent sous le gazon frais, avec pour seul horizon l'éternité mathématique des croix qui semblent dessiner dans l'enceinte des cimetières militaires les contours de ces jeux d'enfance qui servaient à tuer le temps, dans les écoles communales aujourd'hui désertées. Saisons des souvenirs toxiques. Saisons des permissions ratées. Saisons des enfants qui naissent trop loin. Saisons des lettres perdues, des fiançailles rompues. Saisons des jalousies. Saisons des femmes trop seules et des tromperies.

Etienne Tanty (voir chapitre 2, p. 56).

Mercredi 2 décembre 1914.

Le cafard vient de deux façons, directement, si je puis dire, ou par contraste.

Directement : – Influence de ce qui m'environne, indépendamment de tout souvenir et de toute comparaison. – Influence du milieu physique et perturbation de la vie de l'organisme : alimentation froide, insuffisante, absence de légumes, sucre, etc, boisson énervante (café) et très souvent insuffisance d'eau (on a la fièvre plus ou moins en sortant des tranchées). – Absence de mouvements et sommeil sans règle (on dort le jour, on veille la nuit, on dort équipé, dans toutes les positions, sauf les bonnes). – Absence de chaleur et de feu.

En résumé, quand le charbon est insuffisant, il est difficile de faire bouillir l'eau et que la machine fonctionne normalement ! Premier point, où la volonté est impuissante.

Influence psychophysiologique des circonstances physiques sur les sens : la tristesse de la saison, ciel gris, terre dénudée (les couleurs et la lumière, objets de l'activité des cellules des yeux, leur manquent, surtout avec cette absence de lumière, même artificielle) ; comme sensations auditives, des bruits très inharmonieux ou tout à fait agaçants (les percutants !) ; sensations olfactives, je n'en parle pas ! – et tactiles de même. Indépendamment de toute considération psychologique, il suffit de faire appel à l'insuffisance de la vie physiologique, soit fonctions de nutrition, soit vie des sens, pour expliquer le cafard.

Il y a ce qui en découle, l'état psychologique. La pauvreté de la vie du corps entraîne celle de l'esprit, et l'on est porté naturellement à la tristesse ! La dévastation qui vous entoure vous porte naturellement aux sombres pensées, ce sont des choses que tout le monde éprouve.

Il y a l'influence du milieu humain ! Je n'insiste pas. L'homme n'est pas un animal généralement très bon... Mais actuellement ! Rester jour et nuit parmi les goujats où le sort vous a jeté, se sentir isolé, ne pouvoir causer – c'est le lot de tous ceux qui ne veulent pas partager cette goujaterie. Alors on se referme dans sa tour d'ivoire ! Alors le cafard s'insinue, s'infiltre à la faveur de toutes ces circonstances physiologiques, psychologiques, sociologiques. La

fatigue physique rend pénible le moindre effort et la pensée se teint naturellement de tristesse et d'ennui : on souffre de sentir cette déchéance de tout l'être... et que le contraste du passé vient faire ressortir. – Alors on est abattu, désespéré, sans goût, sans espoir, sans confiance, déprimé et indifférent. Il semble que le désir de vivre soit éteint et qu'on n'en ait pas conscience.
Il y a une autre forme de cafard, qui témoigne au contraire de la survivance de ce désir de vivre. Il suit généralement une période d'excitation, et il est provoqué par le contraste. Il y a quelque chose de rageur dans ce cafard. Il n'est pas abrutissement comme l'autre, mais fièvre, le cerveau n'est pas engourdi et gelé, c'est une flamme qui résiste désespérément aux souffles qui l'assaillent.
Exemples, empruntés à ces derniers jours. Tenez, vos lettres, souvent : je les lis, je me sens causer avec vous, et je me sens retrouver ma vie normale – d'où joie – les rêves de même. L'imagination se représente vivement les objets et jouit de cette représentation : et l'on se retrouve tout à coup dans la réalité. – Le matin où nous sommes allés couper des joncs, eh bien, j'ai eu un moment d'excellente humeur. Après deux terribles nuits : jours de tranchées, me trouver, par un joli soleil de gelée sur la glace, près d'un ruisseau plein de cresson, je me trouvais heureux, et les souvenirs qui me revenaient, au lieu de m'affliger, me donnaient confiance, il me sembla n'être plus ici. Mais en rentrant à la ferme : cafard... Le soleil s'est caché, j'ai les pieds mouillés, je suis au milieu de ma compagnie.
Comme la carte de Marcelle, l'autre jour. Ça m'a réchauffé de la recevoir, de regarder les collines d'Aubusson, le chapitre, la route de la Rochette, mais la chute n'a été que plus profonde ! Je sentais bien que rien n'était changé en moi, je me retrouvais comme autrefois, et mieux en un sens, plus vigoureux physiquement et moralement plus apte à jouir des choses, et j'ai éprouvé le cafard en pensant qu'il suffisait d'un coup stupide pour tout démolir, alors que je pourrais être tranquille à présent.
Je viens d'interrompre, pour lire vos lettres du 27 et 28. C'est em.... à la fin ! Je vous dis que je n'ai pas besoin d'argent. J'ignore ce qui se passe à Berry-au-Bac, mais ici on ne peut rien avoir, rien que parfois l'alcool (dont je me défie depuis une aventure qui m'est arrivée en Belgique !),

du chocolat, du tabac et des allumettes. – Je reviendrai plus tard à tout cela ; j'ai demandé dans une carte une paire de chaussettes, une bougie pour écrire, la chandelle que maman propose est acceptée, un bout de papier de verre pour dérouiller le fusil, des lacets de souliers (j'en ai encore un de Versailles !), voilà des choses que tu peux envoyer. Mais je finis ma lettre.

Je ne vous ai pas parlé du cassis ! encore un qui me l'a donné, le cafard ! je l'ai fini dans la tranchée la nuit ; il m'encombrait prodigieusement, et comme le roi de Thulé :

> Et chaque fois qu'il en buvait
> Ses yeux se remplissaient de larmes...

Il était minuit, la nuit était douce, le clair de lune splendide, et le cassis me noya dans des souvenirs délicieux – et je me hasardais à fumer une cigarette (et encore une fois, je ne veux pas de tabac !). Mais quel cafard après !

Mais le temps passe et voici l'heure de la soupe. Je vais m'arrêter là et remonter mon sac. C'est toujours la même histoire, quand je commence une lettre, il me semble que j'ai un temps infini pour la continuer et je ne dis pas la millième partie de ce que je voulais : alors je suis désolé, et le cafard me prend !

Je vais donc remonter mon sac, relire vos lettres et si possible écrire tantôt ; mais la faction, le jour si court, la visite à Menager, la perspective de quarante-huit heures de tranchée...

Enfin, je vous embrasse.

Étienne TANTY

Gaston Biron avait vingt-neuf ans en 1914 (voir chapitre 3, p. 70). Pendant plus de deux ans de guerre, Gaston, qui ne cessait d'écrire à sa mère Joséphine, avait attendu en vain une permission qui ne venait pas. Et puis le grand jour vint, malheureusement chargé d'une épouvantable déception : à l'arrière, il arrivait que le spectacle de ces poilus arrachés à leurs tranchées dérange... Gaston était le seul fils d'une famille de sept enfants. Ses sœurs Berthe, Hélène, Blanche, Marguerite, Madeleine et Marie apprirent sa disparition à la fin de l'été : blessé le 8 septembre 1916, il mourut de ses blessures le 11 septembre 1916 à l'hôpital de Chartres.

Samedi 25 mars 1916 (après Verdun)

Ma chère mère,

[...] Par quel miracle suis-je sorti de cet enfer, je me demande encore bien des fois s'il est vrai que je suis encore vivant ; pense donc, nous sommes montés mille deux cents et nous sommes redescendus trois cents ; pourquoi suis-je de ces trois cents qui ont eu la chance de s'en tirer, je n'en sais rien, pourtant j'aurais dû être tué cent fois, et à chaque minute, pendant ces huit longs jours, j'ai cru ma dernière heure arrivée. Nous étions tous montés là-haut après avoir fait le sacrifice de notre vie, car nous ne pensions pas qu'il fût possible de se tirer d'une pareille fournaise. Oui, ma chère mère, nous avons beaucoup souffert et personne ne pourra jamais savoir par quelles transes et quelles souffrances horribles nous avons passé. A la souffrance morale de croire à chaque instant la mort nous surprendre viennent s'ajouter les souffrances physiques de longues nuits sans dormir : huit jours sans boire et presque sans manger, huit jours à vivre au milieu d'un charnier humain, couchant au milieu des cadavres, marchant sur nos camarades tombés la veille ; ah ! j'ai bien pensé à vous tous durant ces heures terribles, et ce fut ma plus grande souffrance que l'idée de ne jamais vous revoir. Nous avons tous bien vieilli, ma chère mère, et pour beaucoup, les cheveux grisonnants seront la marque éternelle des souffrances endurées ; et je suis de ceux-là. Plus de rires, plus de gaieté au bataillon, nous portons dans notre cœur le deuil de tous nos camarades tombés à Verdun du 5 au 12 mars. Est-ce un bonheur pour moi d'en être réchappé ? Je l'ignore mais si je dois tomber plus tard, il eût été préférable que je reste là-bas. Tu as raison de prier pour moi, nous avons tous besoin que quelqu'un prie pour nous, et moi-même bien souvent quand les obus tombaient autour de moi, je murmurais les prières que j'ai apprises quand j'étais tout petit, et tu peux croire que jamais prières ne furent dites avec plus de ferveur.

[...]

Ton fils qui te chérit et t'embrasse un million de fois.

Gaston

Mardi 18 avril 1916

Ma chère mère,

Merci pour ta bonne lettre que j'ai bien reçue il y a quelques jours. [...] Nous sommes toujours à l'arrière dans le camp de Chalons où le bataillon se reforme, et nous avons bien besoin de ce repos, car les quinze jours que nous avons passés à Verdun nous ont plus fatigués et démoralisés que six mois de guerre de tranchées. Je suis heureux que la photographie que je t'ai fait parvenir par Blanche t'ait fait plaisir, c'est un bon petit souvenir, mais ce sera peut-être le dernier que tu auras de moi, car je ne te cacherai pas que, pour nous qui sommes parfois tant exposés, chaque fois que nous écrivons aux nôtres nous pensons toujours que c'est notre dernière lettre et pour quelques-uns c'est vrai chaque jour qui s'écoule. Jusqu'à présent, le hasard a favorisé la famille et, pour moi en particulier, j'ai pu au prix de combien de difficultés m'en tirer sans trop de bobos, mais tu le comprendras ma chère mère, il est presque impossible dans cette guerre interminable de sortir indemne pour celui qui est continuellement exposé et, tu le sais mieux que moi, il est peu de familles qui n'aient pas encore payé par un ou plusieurs deuils son tribut à cette horrible guerre. La nôtre ne peut pas échapper à cette règle sans exception, aussi je ne t'étonnerai pas en te disant que j'ai depuis longtemps déjà fait le sacrifice de ma vie. J'attends simplement mon tour sans peur et je ne demande à la Providence qu'une chose, c'est de m'accorder cette dernière grâce : la mort plutôt qu'une horrible infirmité, conséquence de ces terribles blessures, dont nous sommes témoins tous les jours. Je sais bien qu'il est dur de mourir à trente ans en pleine jeunesse, alors qu'on vient de sacrifier au pays cinq des meilleures années de sa vie, mais que veux-tu, ma chère mère, la mort ne choisit pas, et quand on se trouve en pleine bataille, que le feu fait rage autour de soi, combien et combien qui tombent et qui comme moi n'ont rien fait pour mériter la mort.

Et puis je n'ai pas d'enfants, personne ne souffrira si je disparais, Blanche est encore jeune, elle peut se suffire à elle-même, je ne pense donc pas qu'elle soit malheureuse si je ne reviens pas. Voilà, ma chère mère, dans quel état d'esprit j'affronte le danger ; je t'assure que la mort ne me

fait pas peur et si quelquefois dans mes lettres je laisse percer un certain découragement, je ne voudrais pas que l'on croie que c'est par peur. Si je suis démoralisé, c'est que je m'ennuie affreusement. Deux années de guerre, la souffrance, les privations et Verdun surtout m'ont tué.
J'aurais bien voulu venir en permission avant de remonter aux tranchées, cela m'aurait fait du bien et c'eût été pour moi un grand bonheur de venir vous embrasser tous et de passer quelques journées avec Blanche mais, hélas ! elles sont supprimées et on ne parle pas de les rétablir.
Dans quelques jours Pâques, mais pour nous ce sera un jour comme les autres. Nous aurons probablement une messe en plein air, et s'il fait beau beaucoup d'entre nous seront heureux d'y assister.
Si tu recevais des nouvelles d'André avant moi, sois assez gentille pour me le faire savoir.
Adieu, ma chère mère, je t'embrasse un million de fois de tout cœur.

Ton fils qui te chérit
Gaston

Mercredi 14 juin 1916

Ma chère mère,

Je suis bien rentré de permission et j'ai retrouvé mon bataillon sans trop de difficultés. Je vais probablement t'étonner en te disant que c'est presque sans regret que j'ai quitté Paris, mais c'est la vérité. Que veux-tu, j'ai constaté, comme tous mes camarades du reste, que ces deux ans de guerre avaient amené petit à petit, chez la population civile, l'égoïsme et l'indifférence et que nous autres combattants nous étions presque oubliés, aussi quoi de plus naturel que nous-mêmes, nous prenions aussi l'habitude de l'éloignement et que nous retournions au front tranquillement comme si nous ne l'avions jamais quitté ?
J'avais rêvé avant mon départ en permission que ces six jours seraient pour moi six jours trop courts de bonheur, et que partout je serais reçu les bras ouverts ; je pensais, avec juste raison je crois, que l'on serait aussi heureux de me revoir, que moi-même je l'étais à l'avance à l'idée de passer quelques journées au milieu de tous ceux auxquels je n'avais jamais cessé de penser. Je me suis trompé ; quel-

ques-uns se sont montrés franchement indifférents, d'autres sous le couvert d'un accueil que l'on essayait de faire croire chaleureux, m'ont presque laissé comprendre qu'ils étaient étonnés que je ne sois pas encore tué. Aussi tu comprendras, ma chère mère, que c'est avec beaucoup de rancœur que j'ai quitté Paris et vous tous que je ne reverrai peut-être jamais. Il est bien entendu que ce que je te dis sur cette lettre, je te le confie à toi seule, puisque, naturellement, tu n'es pas en cause bien au contraire, j'ai été très heureux de te revoir et que j'ai emporté un excellent souvenir des quelques heures que nous avons passées ensemble.
Je vais donc essayer d'oublier comme on m'a oublié, ce sera certainement plus difficile, et pourtant j'avais fait un bien joli rêve depuis deux ans. Quelle déception ! Maintenant je vais me sentir bien seul. Puissent les hasards de la guerre ne pas me faire infirme pour toujours, plutôt la mort, c'est maintenant mon seul espoir.
Adieu, je t'embrasse un million de fois de tout cœur.

Gaston

Jules Gillet était le fils d'un agriculteur vosgien. Il écrivait souvent pendant la guerre à sa femme Louise et à sa fille. Il survivra aux horreurs du front et deviendra épicier dans les années 20.

La Croix Saint-Jean le 19 mai 1915
Aujourd'hui, j'ai un peu plus de courage et je vais te raconter le bilan des trois journées terribles et d'enfer, où j'ai cru ne jamais te revoir. Comme je t'ai écrit, dimanche, nous devions attaquer dans le bois d'Ailly si tristement célèbre, et qu'on peut appeler le tombeau du 171ᵉ. Comme toujours, nous allions pour réparer la lâcheté du 8ᵉ de ligne et du 73ᵉ, qui sans tirer un coup de fusil ont abandonné le terrain que nous avions conquis au prix de pertes terribles depuis le mois d'octobre dernier. Quand on nous a rappelés de Blainville, les Allemands les ont attaqués, ils se sont tous rendus, plus de sept cents, les Allemands nous ont enlevé plus d'un kilomètre de tranchées, avec tous les boyaux de communication. Enfin, nous partions dimanche à midi de Vignot, on nous fait coucher dans le bois jusqu'à la nuit,

et nous étions bien tristes, nous deux, mon pauvre Camille à chaque instant, nous nous faisions de nouvelles recommandations en cas de malheur, puis nous partons, nous marchons jusqu'à 2 heures du matin. Notre artillerie taisait de terribles ravages au dire de plusieurs officiers, on a jamais vu de bombardements pareils, nous étions tous à moitié fous. Nous arrivons enfin au point où nos lignes s'arrêtaient, on nous donne le signal de la charge, et nous partons après nous avoir serré la main une dernière fois. Nous bondissons dans le feu des mitrailleuses des Boches embusqués dans leurs tranchées, la première ligne se rend au bout de quelques minutes, nous faisons neuf cent dix prisonniers et nous prenons deux mitrailleuses, là nous respirons cinq minutes et on repart plus loin, malheureusement un bataillon qui devait nous renforcer n'a pas voulu marcher, et, réduits à nous seuls le succès n'a été que partiel. Nous avons encore pris une autre tranchée et à la moitié d'un boyau de communication qui relie une autre tranchée allemande, justement, ma section se trouve dans le boyau, point dangereux entre tous. Les Allemands sont à trois ou quatre mètres de nous et tout homme qui est vu est un homme mort, nous sommes toujours ensemble, Camille est brave aussi, par moments il faut se découvrir pour tirer et ils n'arrêtent pas. Les cartouches manquent, nous prenons les fusils des Allemands, des prisonniers et des morts, et nous les tuons avec leurs munitions. Vers 10 heures du matin, un homme de liaison de commandant vint disant qu'il faut tenir « à tout prix » et que l'on se prépare, les Allemands ont reçu du renfort et vont contre-attaquer. Nous sommes à peu près cent hommes dans ce boyau et un régiment de la garde vient sur nous, et il est forcé de passer sur nous s'il ne veut pas se découvrir. Notre artillerie commence à les exterminer dans leurs tranchées, c'était horrible, les bras, les jambes, tout volait en l'air, et les cris affreux, alors ils se lancent sur nous avec des boîtes à mitraille, nous étions au bout du boyau, les premiers tombent sur nous, j'étais comme fou, les camarades tombent tout autour de moi, je ne vois plus rien, mais chose curieuse, je n'avais pas peur. Je comprenais que si nous lâchions pied, nous étions aussi sûrement perdus, et pour tirer plus juste nous montons sur le talus de la tranchée. Là nous les tuons au fur et à mesure qu'ils avancent dans le boyau où ils ne peuvent passer qu'un à un. Mais leurs bombes tombent toujours, et c'est terrible de voir les camarades hachés, je suis tout couvert de sang, Camille à côté de moi tire sans arrêter ainsi que les autres qui restent debout. Quand là, malheur, ma Louise, j'ai eu la plus grande peine, mon frère tombe à la renverse dans mes bras. Il vient de recevoir une balle dans la tête, et tu sais qu'elles ne pardonnent pas, je le panse tout de suite, hélas, il n'a pas souffert, il avait un trou comme un œuf et j'étais tout couvert de cervelle. Ah ! le malheureux, je le vois toujours devant moi, il n'a pas souffert et tout de suite il est mort en vomissant du sang de la bouche, du nez et des oreilles. Je l'ai recouvert de sa couverture puis j'ai demandé au lieutenant pour sortir la nuit et l'enterrer à un endroit où on puisse le retrouver, il n'a pas voulu me laisser sortir, disant que je courais à une mort certaine. Les Boches lançaient des fusées éclairantes à chaque minute, enfin, fou de désespoir, ne sachant comment faire, je me suis mis à creuser un trou derrière la tranchée, et là, je l'ai enterré avec ma petite croix et une prière d'un fou, car, à ce moment-là, je n'étais plus en moi. Si je reviens, je saurai bien le retrouver mais, hélas, nous sommes destinés à finir ainsi, ma pauvre femme, et jamais je ne te reverrai. Si tu veux, fais part de ma lettre à Blanche, ou si tu ne te sens pas la force de le faire, donne-la à une de mes sœurs, pour moi je n'en peux plus, et je n'ai pas la force de lui dire. Je lui ai écrit une carte où je lui dis qu'il est dangereusement blessé, ça la préparera un peu. Je termine, ma Louise, faute de place et de temps, je crois que nous y retournons encore aujourd'hui, ou demain matin. C'est terrible, et on ne peut qu'obéir, et plus tard si je suis encore là, la suite de ces terribles journées. Dis bien à Blanche qu'il a été vengé, car j'en ai descendu je ne sais combien, tu peux penser, nous n'étions qu'à quelques mètres, et je te jure qu'autant se montraient, autant tombaient, et je ne sais comment je suis encore là. Je suis tout couvert de sang, la figure et les mains. C'est affreux. Au revoir, ma Louise, ou plutôt adieu

ton Jules

Maurice Drans (voir chapitre 3, page 80).

21 mai 1917

Ma chérie,

Comme nous ne mangeons qu'à minuit, ils nous bombardent – c'est réglé – aux heures du jour où la soupe manque – vers les 10 heures, vers les 5 heures. Ils nous servent ainsi des colis par télégramme, hors-d'œuvre variés. Et quelquefois, trop souvent, il y a des cassements d'œufs. Heureusement, après la pluie torrentielle de cette nuit – et nous l'avons subie, trempés comme des éponges – la plupart des bombes (pas les glacées de confiserie) s'enfoncent dans la vase et n'éclatent pas. La pluie n'a donc pas que des méchancetés ? Je songe aux victimes d'après-guerre quand on retournera la terre pour l'ensemencement.

Avant-hier soir, étant de corvée de soupe avec Nicolas Leroux, je passais ma main sur l'échine pelée d'une des pauvres haridelles de notre « roulante ». Pauvre bête, disais-je, lamentable qui cache une âme pacifique avec ton grand œil mélancolique fixé sur quelque rêve de prairie, tu ressembles à tes frères les hommes de la tranchée ! Tu peines et tu es condamnée. Je l'ai revue ce matin, ayant terminé son temps sur la terre, les quatre fers en l'air et baignant dans son sang ; et tout de mèche, comme berçant son âme délivrée, sur une branche roucoulait une tourterelle.

Nicolas m'a dit : « C'est quasi d'la chair humaine, comme nous c'te bête-là ; c'est sans malice, comme nous, les galériens de cette vie de misère ; on peut pas dire qu'elle ait fait du mal, ni qu'elle était une embusquée, malachtoui ! pendant que ces salauds d'l'Autorité s'engraissent de nos malheurs. »

Je songeais à ce cœur silencieux, dédaigné, solitaire, qui fut un peu de sa douleur, de cette douleur qui s'en va avec la mort. Je songeais au bon trot qu'elle avait naguère, la bonne bête, hennissant sous sa crinière au vent. Je fermais les yeux et j'étais dans la voiture tirée par la Bichette sur la petite route de mon enfance, longeant la Sarthe qui coule entre les peupliers. Pourquoi cette pensée soudaine me venait-elle ? Là, dans ce décor tragique et lugubre ? Je ne sais pas. Peut-être parce que c'est aujourd'hui mon anniversaire et que, en ce temps-là, au bon trot de la voiture, tous ensemble nous allions le dire à grand-mère ; nous nous embrassions, nous étions heureux. C'était une fête, dans la famille, une fête entre toutes les fêtes : nous dressions la table dans la prairie, sous l'ombrage, pendant que gambadait Bichette sur les broutées fraîches. Aujourd'hui, personne ne me le souhaite, mon anniversaire...

Maurice

Christian Bordeching (voir chapitre 3, page 69).

21 mai 1916
10 jours sur la colline 304
(du 11 au 21 mai)

A gauche se dessine « l'Homme mort » et à droite la « colline 304 » [...] La position de batteries allemandes se situe avant l'étang de Forges, où commence, derrière, l'enfer de 304. Je ne dis pas enfer à tort car c'est ici que commence le royaume des tirs de barrage. Des odeurs de cadavres qui n'ont pas encore pu être enterrés s'élèvent des anciennes tranchées françaises ravagées. Du matériel de grande valeur a été laissé à l'abandon sur tout le chemin, des armes, des munitions, de la nourriture, des masques à gaz, du barbelé, des grenades et autres machines de guerre. Les dernières étendues d'herbe sont déjà bien loin derrière nous, on ne voit plus qu'un désert entièrement et violemment labouré par les grenades. Les cratères les uns contre les autres témoignent de l'horreur des tirs d'artillerie allemands qui nous ont précédés et des actuels tirs de barrage français.
Il relèvera bientôt du miracle de traverser ce domaine accidenté, mais nous y sommes obligés car c'est le seul chemin vers nos positions arrière, le nerf de vie de la victoire sur le front.
Les nouvelles arrivent par coureurs en relais car aucune ligne téléphonique ne resterait intacte plus d'une heure, déjà les téléphonistes se font tirer sur les mains au moment où ils posent les câbles. Si l'on a passé la zone la plus dangereuse de la colline au pas de course, on peut traverser sans être vu le flanc nord un peu moins bombardé, jusqu'à notre position. Nos positions s'étendent jusque sur le flanc nord proche du sommet. Le sommet lui-même est pour l'instant

un terrain neutre, c'est un plateau de cent mètres de long. Si tout va bien, quelques-uns de nos pionniers se sont faufilés, ont creusé des tranchées et installé des barbelés. Ainsi, nous nous maintenons sur la pente sans trop de pertes car les projectiles français ne peuvent pas atteindre ce flanc, ce ne sont que des tirs hasardeux qui y parviennent. Là-haut, nous sommes en alerte pour être prêts à nous défendre ou à avancer. Pour ce qui en est de dormir ou de manger, ce n'est pas la peine d'y songer. Il faut supporter les privations. La colline elle-même était à l'origine en partie boisée et n'en laisse plus que paraître quelques troncs noirs, il n'y a plus aucune feuille verte ni brin d'herbe, et malgré tout, dans toute cette horreur une merveilleuse apparition : au matin une alouette chante et des multitudes de hannetons bourdonnent autour de nous et nous rappellent qu'au-delà de cette guerre, que nous devons endurer, il y a encore un merveilleux printemps qui, après nous être battus, va encore nous réjouir. Il y a une trêve, un événement rare qui nous permet d'admirer la belle vue bien au-delà de la multitude des tombes, des villages détruits de Malencourt et Béthoncourt – et nous regardons les avions qui se battent au dessus de nos têtes, ce qui arrive rarement –, mais la poésie est passagère. Quand vient le vent du nord avec son épouvantable odeur de putréfaction ou avec la puanteur des grenades de soufre et de phosphore et quand le feu de batterie reprend, nos nerfs sont remis à rude épreuve, ce qui nous déclenche des états de désespoir. Les moments les plus tendus sont à la tombée de la nuit où l'on redoute le plus une attaque. Le 18 août, tôt le matin, les Français ont attaqué le régiment voisin mais n'ont pas été vainqueurs. Le régiment 24 en voisin est venu à la rescousse de ses camarades qui en furent plus que reconnaissants. Au soir, nous avons attaqué nos adversaires pour améliorer notre position. Ce ne fut pas une réussite totale mais nous n'avons pas eu non plus de grandes pertes. Nos adversaires étaient arrivés depuis peu, des soldats algériens qui se sont défendus coriacement. Il fut observé chez les nôtres, à tout moment, d'éminents exemples de bravoure. Avancements et croix de fer (mérite) ont été la récompense méritée des braves qui, au mépris de leur vie, ont tout entrepris pour faire honneur à leur patrie pour le maintien de la 304.

Christian BORDECHING

Michel Taupiac (voir chapitre 3, page 89).

Dimanche, 2 mai 1915

Cher ami,

Enfin, je puis t'écrire un peu plus tranquille, maintenant que la grande bourrasque des jours derniers paraît s'éteindre. Tu as sans doute entendu parler de cette attaque furieuse du côté d'Ypres, où tous les moyens de destruction ont été employés par ces bandits. Pauvre pays, qu'en reste-t-il ? Ruiné déjà par les sanglants combats de novembre dernier. De ces villages et belles fermes qui émaillaient comme à plaisir cette riche plaine des Flandres, tout n'est que ruine et incendie, qu'un immense charnier, digne trophée de cette guerre affreuse. Cet hiver, ce n'était qu'une mer de boue, maintenant le printemps a fait pousser une végétation folle qui essaye de couvrir d'un linceul de verdure tous ces petits monticules qui forment comme les vagues des rives boueuses de l'Yser, petite rivière au nom formidable, pierre de choc où sont venues se briser les hordes géantes du militarisme prussien. Digne sépulture de cette race. Maintenant sur ces tombes anonymes le printemps sème là des touffes d'herbe et des fleurs sauvages. Le temps fera le reste et de cette lutte de cyclopes, il ne restera qu'un peu de boue. Je ne te parlerai pas de mon rôle dans cette guerre. Je suis le matricule n° X, une partie du maillon de cette immense chaîne. J'ai des heures de nostalgie et de dégoût. Quelquefois je me dis : Pourvu que tu t'en sortes. Bien souvent : A quoi bon ! Que je meure ici en pleine force, une lueur de gloire dans les yeux, ou que je finisse plus tard bourgeoisement dans un cimetière : qu'importe, la vie n'a jamais été pour moi une chose bien douce et l'avenir me paraît bien noir. Je ne ferai rien pour disparaître, je n'ai pas le sang d'un héros. J'ai même comme un frisson quand la mort me frôle de trop près et, machinalement, je fais ce qu'on appelle son devoir. Je suis un de ces millions d'anonymes qui forment l'instrument pour forger une page sanglante de notre histoire. Cette époque sera bâtie avec beaucoup d'héroïsme, de tristesse et de lâcheté.

De tes nouvelles, ton Ami

TAUPIAC

Après six mois de guerre, Etienne Tanty (voir chapitre 2, p. 56) dresse un bilan d'une guerre dont les Français étaient bien les seuls à avoir pu penser qu'elle serait courte : dès 1914, les Anglais avaient prévu que la guerre serait coûteuse en hommes et en moyens, et qu'elle durerait au moins trois ans.

Jeudi 28 janvier 1915

J'erre, toujours aussi incapable d'écrire. J'ai eu hier matin votre lettre du 23 et j'ai mis une enveloppe hier soir.
Il gèle épouvantablement ce matin, sans que j'arrive à me réchauffer les doigts. S'il n'y avait encore que les doigts de gelés ; mais le bonhomme ne vaut guère mieux, et le cafard est pire que la gelée.
Car n'est-ce pas, j'ai le cafard, vous vous en doutez, et je désespère de le chasser. Il y a de quoi, et ce n'est pas aujourd'hui qu'il passera ; la perspective de retourner ce soir dans le vieux secteur du bois carré, et de reprendre la vie souterraine, nocturne et marécageuse n'étant pas pour le dissiper.
Voilà six mois bientôt que ça dure, six mois, une demi-année qu'on traîne entre vie et mort, jour et nuit, cette misérable existence qui n'a plus rien d'humain ; six mois, et il n'y a encore rien de fait, aucun espoir ; six mois qu'on a quitté le fort, et l'on est un peu moins avancé qu'au lendemain du Châtelet. Tout est à recommencer. Tout cela n'a été qu'un prélude, nous n'en sommes donc encore qu'au prologue de la tragédie dont le premier acte commencera au printemps. Alors, les canons seront prêts et dans l'arène lamentable des tranchées, la boucherie néronienne reprendra plus sanglante que jamais, et pareils aux esclaves antiques, on ne nous tirera de nos cachots que pour nous jeter en pâture aux monstres d'acier. Et ce sera au retour du printemps, au renouveau de la terre. Et pourquoi tout ce massacre ? Est-ce la peine de faire attendre la mort si longtemps à tant de milliers de malheureux, après les avoir privés de la vie pendant des mois.
Hier, ou avant-hier, au rapport, on a lu des lettres de prisonniers boches. Pourquoi ? je n'en sais rien, car elles sont les mêmes que les nôtres. La misère, le désespoir de la paix, la monstrueuse stupidité de toutes ces choses, ces malheureux sont comme nous, les Boches ! Ils sont comme nous et le malheur est pareil pour tous.

Il y a des gens qui cependant aiment la boucherie et, l'autre jour, *Le Matin* publiait avec force détails et éloges les exploits des Bat' d'Af. dans une tranchée boche. C'est écœurant. Après tout, d'un journal défenseur des financiers véreux et des garces de la politique, il est tout naturel de prôner des souteneurs et des brutes. Mais quand on songe que ça trouve des lecteurs ailleurs que dans des milieux d'amateurs de guillotine, que peut-on espérer ?
Nous retombons à la brute : je le sens chez les autres, je le sens chez moi ; je deviens indifférent, sans goût, j'erre, je tourne, je ne sais ce que je fais. Et quand un souffle passager vient secouer les cendres, et rallumer la braise, alors je suis si écœuré de tout ce qui m'entoure que j'en suis encore plus malheureux. [...]
Je vous embrasse.

Étienne

« Nous "avions fait" les Eparges, Verdun, la prise de Noyon, le siège de Saint-Quentin, la Somme avec les Anglais, c'est-à-dire sans les Anglais, et la boucherie en plein soleil des attaques Nivelle au Chemin des Dames. [.../...] J'ai vingt-deux ans et j'ai peur. » Incorporé dans le 140e RIA, puis au 8e génie, le soldat Giono n'a jamais quitté les champs de bataille entre 1915 et 1918. A Verdun, sa compagnie sera décimée devant « les batteries de l'hôpital ».

Il y aura vu mourir tous ses amis. Il y aura eu les paupières brûlées par le gaz en mai 1918. Il est fascinant de comparer les écrits de Giono publiés des années après la guerre, et qui cherchent à retranscrire l'horreur de ce qu'il avait vécu, aux lettres d'allure anodine qu'il envoyait à ses parents, et qui ne reflétaient surtout pas la réalité quotidienne, pour ne jamais les effrayer.

La faiblesse du guerrier

Soyez bon soldat, c'est vraiment gagné à coup sûr. Il n'y a pas de plus beau brevet ; mauvaise tête mais bon soldat ; magnifique ! Salaud mais bon soldat : admirable ! Il y a aussi le simple soldat : ni bon ni mauvais, enrôlé là-dedans parce qu'il n'est pas contre. Il y subira sans histoire le sort des guerriers jusqu'au jour où, comme le héros de Faulkner, il découvrira que « n'importe qui peut choir par mégarde, aveuglément, dans l'héroïsme comme on dégringole dans un regard d'égout grand ouvert, au milieu du trottoir ». Il y a dans cet état de guerrier un autre moment encore qu'on pourrait appeler le moment individuel. A cet endroit-là, il est obligé d'être seul. Il a reculé tant qu'il a pu cette confrontation avec la solitude. Il a été en troupe, en compagnie, en armée, mais maintenant il y est, il est seul. Comme un pacifiste. C'est le moment où dans les récits de batailles le guerrier prononce d'ordinaire les paroles historiques, ou bien où il appelle tendrement sa mère, et c'est bien triste pendant tout un alinéa.

C'est le moment où il vient d'être étripé avec une baïonnette pleine de graisse d'armes, où il voit sortir du trou de son ventre l'accouchement mortel de ses tripes fumantes qui veulent essayer de vivre hors de lui comme un Dieu séparé ; c'est le moment où l'éclat d'obus lui a fracassé la cuisse et que, du milieu de la boue de son corps, il voit jaillir la source lumineuse de son artère fémorale et qu'il sent son esprit glisser dans les mains gluantes de cette fontaine. Brusquement, au milieu de la bataille, voilà son drame particulier. Ne pas vouloir l'affronter tout seul tout de suite, c'est le trouver brusquement un jour comme lui.

Alors, qu'il la crie ou qu'il la voit en fulgurantes images, dans sa tête qui se vide comme un bassin, à ce moment-là il connaît la vérité. Mais cela n'a plus d'importance pour le jeu ; cet homme ne peut plus faire marche arrière. Il est déjà sur les bords d'où l'on ne revient pas ; le jeu s'est joué. Tout le jeu de la guerre se joue sur la faiblesse du guerrier.

Jean GIONO, *Recherche de la pureté*

Aux armées le 30 mars 1917

Mes deux vieux chéris

J'ai reçu de vos nouvelles hier au soir sur le cours de *La Dépêche.* Je suis heureux que votre rhume ait presque disparu. Ici le temps est épouvantable. Cela ne m'empêche pas de me porter merveilleusement. Nous avons un peu plus à bouffer et nous desserrons un peu la ceinture. J'espère aller vous voir dans le courant avril. Les lettres m'arrivent très bien maintenant. J'espère bien que vous ne vous faites pas de mauvais sang à mon sujet maintenant que vous savez où je suis. Je suis bien abrité, au chaud et peinard. Espérons que pendant Avril, le temps se mettra au beau et que les amandiers seront fleuris pour embaumer ma permission. Grosses caresses de votre fiston qui vous aime par-dessus tout.

Jean
Jean GIONO
Radio télégraphiste
140e régiment d'infanterie

D'origine auvergnate, Marin Guillaumont était instituteur avant la guerre. Il y fut blessé et gazé et mourut huit ans après la guerre, en 1926. Sa femme Marguerite venait de donner naissance à leur fille Lucile lorsqu'il lui écrivit cette lettre.

14 décembre 1914
8 heures du soir
Ma bien chérie
J'ai reçu ton télégramme. Que je suis content et inquiet ! Comment vas-tu, chérie, comment va notre fillette ? As-tu bien souffert ? As-tu pu avoir un médecin ? Avais-tu trouvé une nourrice ? Le télégramme est bien bref...
Que j'attends des détails.... Je crains tant de choses. L'état d'esprit dans lequel tu vis depuis quatre mois et demi a pu avoir une influence malheureuse. Le souci peut lui nuire. Reste courageuse, ma chérie. Pense à notre fillette.
Comment l'appelles-tu ? Fais-moi vite savoir son nom. Qu'il me tarde de la voir, que je suis impatient de revenir. Mais mon retour est encore bien loin, plusieurs mois certainement...
Cause-moi longuement d'elle dès que tu pourras le faire. Dis-moi tout. J'espère la voir. Je veux la voir. Que je regrette qu'elle ne soit pas née un an plus tôt ! Fais-moi envoyer beaucoup de papier à lettres pour que je puisse t'écrire longuement.
Toutes les fois que la chose ne sera pas possible, embrasse-la pour moi. Je ne dormirai sans doute pas de cette nuit. Mais sois tranquille, je ne serai pas malheureux, pourtant je suis inquiet : s'il y avait des complications, il ne t'est pas commode d'avoir un médecin et il n'y a guère de pharmaciens.

Ce soir j'ai reçu deux lettres de toi, une carte, une lettre d'Yvonne et une carte de Jean. J'ai tout brouillé et ne m'y reconnais plus. Il me sera une distraction de les relire demain ; elles me sembleront encore fraîches.
Dis-moi que notre enfant vivra, il me tarde de savoir. C'est si frêle, ces pauvres petits. Il faut si peu. J'espère. De quelle couleur sont ses yeux ? Comment sont ses menottes ? Sera-t-elle jolie ? Que je voudrais qu'elle te ressemble. Hélas, je ne pourrai pas la voir toute petite. Je l'aime, vois-tu, je l'aime autant que je t'aime. Dis-moi, fais-moi dire beaucoup de choses d'elle. Pleure-t-elle beaucoup ? Toi, tu souffres, chérie ? As-tu pu rédiger le télégramme toi-même ; non, sans doute on l'a signé de toi pour me rassurer. Mais pourquoi cela irait-il ? N'avons-nous pas assez d'épreuves sans cela ? Tout va bien, n'est-ce pas ?
Tu me donneras de bonnes nouvelles. Dès que tu pourras m'écrire, tu le feras longuement.
Où serai-je alors ? quelque part sur le front ; il y a loin de la Suisse à la mer du Nord. Chacun n'est qu'un atome. Mais si tout va bien je vivrai, j'ai confiance. Je garde toujours mon sang-froid ; nous serons bien heureux, va, plus tard, dans quelques mois, nous en achetons bien le droit. Je n'ai pas vu notre enfant, je veux le voir et j'ai l'intime conviction que je le verrai. Il le faut bien, n'est-ce pas ? Garde mes lettres, si je ne revenais pas, elle pourra les lire plus tard, elle saura que son papa l'a bien aimée.
Fais que notre enfant soit digne de toi et de ses grands-parents : elle n'aura pas à rougir de son nom, dis-lui bien que si j'ai pu tirer dans ces affreux moments c'était par nécessité mais que je n'ai jamais sacrifié une vie inutilement, que je réprouve ces meurtres collectifs, que je les considère comme pires que des assassinats, que je n'ai haï que ceux qui les ont voulus.
Enseigne-lui à être bonne et simple. Au fur et à mesure qu'elle grandira et pourra te comprendre, instruis-la en tout, ne crains pas de lui parler des laideurs de la vie, qu'elle ne soit pas désarmée et qu'elle ne fasse souffrir personne. Ne tolère jamais chez elle la médisance. Je voudrais qu'elle puisse faire de la musique et des langues étrangères, sans cela on n'est que des êtres incomplets. Mais pourquoi te dire tout cela, tu le sais aussi bien que moi et puis nous serons bien là tous les deux. En attendant mon retour, aime-la beaucoup, doublement pour toi et pour moi et fais-

moi vite savoir son nom. J'aimerais bien une Lucienne, Yvonne, Marguerite, Marcelle, Germaine...
Que sais-je, ou bien donne-lui un prénom anglais, il y en a de gentils. Mais c'est déjà fait, je l'aime sous n'importe quel nom. Il me tarde de le savoir, c'est tout.
Que je voudrais être près de toi pour te soigner moi-même, pour la dorloter et dire qu'après mon retour il me faudra encore vivre loin d'elle, mais l'espoir de la conserver sera plus ferme. Je suis fou. Je m'arrête d'écrire pour dire que j'ai une fille. « J'ai une fille. » Que c'est bon à dire : je la vois déjà grandelette, il me semble la voir lorsqu'elle reviendra de classe avec toi.
Vois-tu, si je ne reviens pas, j'aurai vécu toute sa vie. Il me semble déjà la suivre dans la vie. Mais lorsque cette lettre t'arrivera, que sera-t-elle ? Si tu étais à Paris je me ferais porter pour la voir. S'il était possible d'en avoir une photo...
Que je voudrais la voir toute, toute petite ! Si tout va bien, tu dois être bienheureuse : donne-toi tout entière à elle ; c'est à elle que tu te dois désormais, si je te manquais, tu n'aurais plus qu'elle pour adoucir ta vie : une mère et sa fille lorsqu'elles s'aiment ne doivent et ne peuvent jamais être malheureuses.
Vous causerez de moi, mais je serai avec vous. Elle a bien besoin d'un petit frère pour la taquiner un peu. Je suis content que ce soit une fillette. Il est plus difficile de lui faire une situation ; mais au moins elle n'est pas appelée à voir les horreurs qu'un homme peut voir. Je doute que les nations soient assez sages pour aller après cette guerre, résolument au désarmement et à une paix durable. La pauvre enfant est née en des heures bien tragiques. N'es-tu pas née à peu près à cette époque de l'année ? Quel jour est-elle née, ton télégramme ne le dit pas. Que l'on m'écrive longuement ; j'attends vois-tu ?....
Va, si je reviens, tu ne manqueras de rien, toi et notre enfant. Devrais-je pour cela me priver de tout et me faire terrassier en dehors des heures de classe. Si la fatalité voulait que je meure sans te revoir, sans la voir, sois ferme : toutes les forces ont un fruit.
Tu n'y as jamais songé n'est-ce pas, mais lorsque je pense à tout ce que j'aurais pu faire pour toi et que je n'ai pas fait ! Ne parlons plus de cela, tu me tirerais la langue coquine... Tu as toujours la robe que tu as brodée l'hiver dernier : il te faudra la mettre l'été prochain.

Je te causerai encore longuement demain. Tu ne liras pas toute ma lettre à la fois, cela te fatiguerait. Je t'écris allongé dans du foin, à la lumière d'une bougie. Je l'ai dit à Ferry, je l'ai dit au lieutenant. Joffre passerait je crois que je l'arrêterais pour le lui dire, mais il est loin quelque part vers le front, plus près des Boches que nous en ce moment.

Le 15 décembre.

Que devenez-vous à Laire ? Je n'ai pas dormi de la nuit, passant des plus vives inquiétudes aux espoirs les plus fous. Qu'il me tarde d'être à quelques jours d'ici pour avoir d'autres nouvelles, des détails. Je voudrais me figurer ce que vous faites en ce moment ; je ne peux y arriver. N'es-tu pas trop fatiguée ? ne te laisse pas décourager. Chez M... ont dû aller te voir ; ne cause pas trop, éloigne les commères, on doit t'observer... Fais-toi lire mes lettres, c'est trop pénible pour toi de les déchiffrer. J'écris mal, je suis mal installé pour cela.
Que je voudrais te faire de longues lettres si mes idées ne se brouillaient pas. Vois-tu, je vis en ce moment dans le même état d'esprit qu'en juillet, août et septembre 1910. Impossibilité de croire à un bonheur certain. Je t'aimais bien à ce moment-là, je vous aime bien toutes les deux mais je suis loin de vous, je m'inquiète de vous deux. Je t'envie que tu aies pu la voir toi au moins... Je t'en veux presque. Il me faut fermer ma lettre. Embrasse notre chérie, embrasse nos familles pour moi.
Espère en mon retour. A toi ma chérie, tout ce qu'un mari peut désirer de meilleur pour sa petite femme.

Marin GUILLAUMONT

Alfred Cornelsen, soldat de l'armée allemande, a été tué sur le front français en juillet 1918. Il venait d'avoir dix-neuf ans.

France, le 2 mai 1918

Chère mère,

J'espère que vous vous portez toujours tous bien, aussi bien que moi. J'étais de garde la nuit dernière de 11 heures à 1 heure, et je me repaissais du sentiment, qu'à partir de minuit, ce serait ton anniversaire. Chère mère, comme tout

paraît différent ici quand on se dit : Maintenant, c'est l'anniversaire de ma mère, ça rend alors tout tellement différent. Souhaitons maintenant, chère mère, que nous serons de nouveau tous réunis à la maison pour ton prochain anniversaire.
Je ne peux pas compter sur une permission, car les permissions sont, pour le moment, encore supprimées. Les seuls à pouvoir rentrer sont ceux qui possèdent une terre. Dans ces conditions, je ne serai toujours pas rentré pour Noël. Jeudi saint, nous avons donné l'assaut à des positions de soutien sur la Somme. Vendredi saint, les Anglais ont riposté, mais nous sommes parvenus à les repousser.
Puis vinrent les jours de Pâques, une période que, de toute ma vie, je n'oublierai jamais. Au moment où je t'écris, nous sommes loin de tout danger, mais nous le devons à nos lourdes pertes. Nous aurons sans doute encore quelques jours de repos avant que ça reprenne à nouveau.
Espérons que la guerre finisse bientôt, car sinon, la France sera complètement détruite.
Je ne ramènerai pas de souvenirs de la guerre, j'en ai tellement par-dessus la tête. Bien sûr, pour le moment, ça va encore bien, même si les rhumatismes se font sentir à force de se terrer dans la boue. J'ai reçu du courrier de Fritz pendant qu'il était chez vous. Comme je peux le constater, vous allez encore bien. Espérons que c'est maintenant la dernière offensive et que nous allons bientôt pouvoir rentrer chez nous. Il n'y a pas grand-chose à manger, et pour le moment, je crève à nouveau de faim.
En espérant vous revoir bientôt,

Votre fils et votre frère Alfred

Florilège printemps

1916

Cher Joseph

Article inédit : sentimental... Garde le souvenir précieux des poilus. Ton ami qui te la serre.

Edmond

Le poilu, c'est celui que tout le monde admire, mais dont on s'écarte lorsqu'on le voit monter dans un train, rentrer dans un café, dans un restaurant, dans un magasin, de peur que ses brodequins amochent les bottines, que ses effets maculent les vestons à la dernière coupe, que ses gestes effleurent les robes cloches, que ses paroles soient trop crues. C'est celui que les officiers d'administration font saluer. C'est celui à qui l'on impose dans les hôpitaux une discipline dont les embusqués sont exempts. Le poilu, c'est celui dont personne à l'arrière ne connaît la vie véritable, pas même les journalistes qui l'exaltent, pas même les députés qui voyagent dans les quartiers généraux. Le poilu, c'est celui qui va en permission quand les autres y sont allés, c'est celui qui ne parle pas lorsqu'il revient pour huit jours dans sa famille et son pays, trop occupé de les revoir, de les aimer ; c'est celui qui ne profite pas de la guerre ; c'est celui qui écoute tout, qui juge, qui dira beaucoup de choses après la guerre.

Le poilu, c'est le fantassin, le fantassin qui va dans la tranchée. Combien sont-ils les poilus sur le front ? moins qu'on ne le croit. Que souffrent-ils ? Beaucoup plus qu'on ne le croit. Que fait-on pour eux ? je sais on en parle, on les vante, on les admire de loin. Les illustrés ou les clichés de leurs appareils tentent de les faire passer à la postérité par le crayon de leurs artistes. Les femmes malades tentent de flirter avec eux par lettres.

Mais lorsqu'ils sont au repos, les laisse-t-on se reposer ? Ont-ils leurs journées pour les populariser comme en ont eu le 75, l'aviation, le Drapeau belge, etc. ? A-t-on vu expliquer dans la presse que le poilu, c'est encore le seul espoir de la France, le seul qui garde ou prend les tranchées, malgré l'artillerie, malgré la faim, malgré le souci, malgré l'asphyxie...

Edmond VITTET

9 mai 1916

Il est inutile que vous cherchiez à me réconforter avec des histoires de patriotisme, d'héroïsme ou choses semblables. Pauvres parents ! Vous cherchez à me remettre en tête mes illusions d'autrefois. Mais j'ai pressenti, j'ai vu et j'ai compris. Ici-bas, tout n'est que mensonge, et les sentiments les plus élevés, regardés minutieusement, nous apparaissent bas et vulgaires. A présent je me fiche de tout, je récrimine, je tempête, mais dans le fond cela m'est complètement égal. Pour moi, la vie est un voyage ! Qu'importe le but, près ou loin, pourvu que les péripéties en soient les plus agréables possible. C'est pourquoi je ne suis pas malheureux ici. Tout ce que je demande, c'est de rester en bonne santé.

Fernand

Le 23 mai 1915

Je ne sais plus comment je pourrai vivre. Déjà avec la chaleur nous commençons à ne plus avoir d'appétit. Comme nourriture nous avons à 10 heures du bouillon dont le goût de suif nous empêche de le boire et du bouilli. Le soir du singe (viande de conserve) avec des patates en sauce. Rien n'est appétissant, et lorsque vous allez au repos vous êtes au milieu des taillis. Il vous est impossible d'acheter des vivres.

Emile SAUTOUR

Il est maintenant certain que demain nous partirons pour aller à l'attaque. Où ? Nous n'en savons rien – probablement à Verdun. J'ai voulu douter jusqu'au bout. J'ai su interpréter les indices favorables, et négliger les évidences parce qu'elles me déplaisaient.

Maintenant il n'y a plus à douter. Nous y allons demain. Le

13 mars me sera-t-il favorable ? C'est triste ! peut-être que bientôt je lirai pour la dernière fois un livre d'amour passionné et satisfait. L'amour que je ne connais pas... Peut-être que proche est l'heure où pour la dernière fois j'aurai le plaisir d'écrire. Quel sera mon dernier rêve ? Quel sera mon dernier désir ? La mort en abolissant la possibilité de satisfaire mes aspirations anéantira mes désirs. Si je souffre aujourd'hui, inapaisé, c'est que je ne rends pas assez vivante cette vérité. Aurai-je droit aux félicités éternelles. Au quel cas je ne perdrai pas au change. Cependant, je voyais des lendemains si blancs, si doux, si calmes, si heureux !

Henri Aimé GAUTHÉ

Le 6 otobre 1915

je vai vou doné un peu de mais nouvél que je me porte toujou trèbien pour le moman je vou di que jais resu votre letre a vec un manda de 10 fran et pui je vou di que vou a vé mal qompri maletre qar je ne sui pa blésé les autre on eu du mal mais mais moi jais pas eu du mal cher feme je vais vou dire que mon camarade Bilien Sébastien ai more il ai tué par un cou de canon il ai tisi toupré de moi a 4 metre vous pou vé dir a sais paran sai trite sais son tour au joudui et a d'autre demin nou some tou les jour au feu de pui 10 jour san dormire je vou di au si que le Pape Frasiboi porte bien toujour doné nouvél a sa feme au cher feme la gaire est trite jai fini an vou an brasan de loin a vec mais deupeti anfan ne vou faitpa tro de bil a vec moi toujour plin de Courage

JACQUE

3 mai 1915

Laisse-moi te faire quelques recommandations que je n'ai pas voulu te faire avant, de peur de t'alarmer. Il n'y a pas de quoi ; s'il m'arrive quelque chose, tant pis. Je ne te recommande que le Petit. Sois tout ce que tu pourras pour lui, c'est lui seul qui me préoccupe. Je ne pense à plus rien, mais je te promets que je ne ferai pas d'imprudence ; s'il m'arrive quelque chose, je ne l'aurai pas cherché. Je n'ai rien à gagner et j'ai tout à perdre ; si tu voyais la réception que nous fait la population, ils ne sont pas dignes qu'on se sacrifie pour défendre leur terre et bien d'autres choses aussi qui nous exaspèrent et que je ne pense pas mettre ici de peur que cette lettre tombe entre d'autres mains que les tiennes.

26 avril 1918

Des copains sans nombre ont été écrabousés, mis en miettes, un vrai désastre, gradés, hommes, ça tombait comme les semences.

Arthur MIHALOVICI

Le 18 avril 1915

On se demande comment les hommes peuvent s'entre-tuer par des journées aussi merveilleuses, où tout ne pense qu'à vivre, à pousser et à fleurir, et on regrette l'incurie de nos gouvernants, qui sans empêcher cette guerre auraient pu l'écourter, en nous préparant, et sauver ainsi combien de vies. Mais l'heure n'est pas de récriminer, nous avons entrepris une grande tâche, il faut la mener jusqu'au bout, jusqu'au dernier souffle.

Marcel

Ici, la foi qui n'était que tiède chez beaucoup s'est avivée : officiers et soldats jettent leurs regards vers le ciel.

C. VALLAT

L'œuvre des marraines au front est une trouvaille. Rien ne prouve mieux l'absolue ignorance des sentiments du front dans laquelle on est en France. On croit le soldat généreux, isolé, oublieux de ses anciennes convoitises, bon et charitable. La guerre a purifié ses instincts et droit devant l'ennemi, il est sûrement loyal dans ses rapports avec l'arrière. Des cœurs sensibles s'y sont trompés, par snobisme, par gloriole, peut-être rarement par charité. Elles ont voulu, celles qui dorment dans des lits, être douces et bienfaisantes, et donner aux culs gelés l'illusion de la chaleur et de la tendresse.
Les pauv' gars ! Y sont si malheureux !

Henri Aimé GAUTHÉ

16 avril 1917

Je suis heureux malgré tout, mais il me manque encore des tas de choses pour que le bonheur soit complet ; c'est la destinée ; j'espère quand même que ma belle étoile ne me quittera pas, mais seulement voilà, l'attaque est à 8 heures du matin et il n'y a plus d'étoiles.

ARTHUR

Le 3 mai 1915

Donc les hommes ont une vie plus que terrible, attendant toujours les ordres de tirer et encore 15 à 20 obus tous les jours. Ils occupent leurs loisirs à dormir, ils font des jardins sous les branchages, et plantent de la salade, petit pois, radis, etc. Ils creusent des puits, il y en a un de 4 mètres de profondeur et l'eau est excellente. Vous dire le confortable de leurs maisons est chose étonnante. Il y a des tables châssis, une armoire à glace prise dans une maison bombardée et abandonnée, tous les meubles viennent de ces maisons qui sont entre les deux lignes, et la nuit c'est une grande occupation d'aller chercher ce qu'il faut pour le ménage, mais toujours à vos risques et périls.

HENRI

Le 4 mai 1916

Beaucoup retrouveront des cendres à la place qu'occupait leur maison, et les autres, ceux que la mitraille et le feu auront épargnés, retrouveront leur bicoque avec ses portes enlevées, ses planchers arrachés, ses meubles éventrés, ses pendules démolies, sa vaisselle brisée ou disparue, ses sommiers à la cave, ses lits de plume, et ses édredons déchiquetés. Voilà ce que retrouvera celui qui reviendra chez lui. Voilà de quoi j'accuse le commandement, car tous ces faits, il ne peut les ignorer ; il suffit de passer pour voir.

Pierre RULLIER

Ô femme perverse et méchante, cruelle inconsciente qui sais martyriser un cœur rien qu'à la façon de boutonner ton gant. Mère de notre cruauté, de notre malheur, de nos haines, toi qui ne cherches dans la vie d'autre plaisir que le tien. Femme pour qui furent créés les empires, la civilisation et la guerre – j'aime à certaines heures te haïr – Celui qui le premier affronta la mort en riant était amoureux. Pour des seins blonds il se fit méchant... La femme de Caïn aimait sans doute Abel... Elle est la raison justifiante des crimes... non pas seulement le prétexte. Les jurys des assises le proclament : elle a besoin d'être protégée. Elle réclame un bras fort pour sa sauvegarde. Hypocrite ! Tu veux jouir davantage de dominer un héros ! Tu te donnes au plus fort. Et l'homme qui te désire doit faire ta conquête au prix de quelles épouvantables haines. [...] Oui, je te hais. Ton corps est une cour des miracles de toutes les hontes, de toutes les bassesses, de toutes les trahisons. Et nous t'aimons cependant – Nous vous aimons toutes. Les meilleurs d'entre nous n'en aiment qu'une à la fois. Pendant que toi tu t'aimes, tu es parfois l'impératrice de mille gestes dont tu n'aperçois la beauté que si elle te glorifie.

Henry Aimé GAUTHÉ

CHAPITRE 5

Étés

Etés, saisons chaudes, saisons des orages. Saisons de la faux, fin de la fenaison ; moissons. Saisons de la rosée sur les champs de bataille. Saisons des fruits. Saisons des guêpes et des balles qui bourdonnent. Saisons du cœur. Amour de la mère. Saisons des petites amies que l'on ne connaîtra jamais. Orages d'acier ; temps des cerises mortes. Etés, saisons des noces rouges. Saisons des trois femmes de Munch : la jeune fille, la maîtresse et la mort ; et tous ceux, si nombreux, qui n'auront pas le temps d'aimer la première ou la seconde seront violés par la troisième... Etés, saisons des grillons qui craquettent au bord du gouffre. Saisons des mûres dans les ronces. Saisons des mouches et des moustiques, saisons des fosses communes et de la chaux. Saisons des relents d'odeurs infectes et des parfums tenaces. Saisons de l'eau aigrie dans les gourdes tièdes. Saisons des signes de vie et des aveux que l'on aurait cru ne jamais oser prononcer. Saisons des cris de l'âme qui cherche un drain, une soupape et laisse fuser le chant de sa déchirure sous forme de confidences obscènes. Etés, saisons de sueurs de larmes et de sang, saisons des marmites qui fusent et balayent en éclatant jusqu'au souvenir du rire des enfants, jusqu'à l'écho du chant des lavandières et des soupirs de la rivière quand les nuits de calme et de paix venaient l'étreindre. Etés, saisons des poissons morts qui pourrissent dans les mares asséchées ; saisons du gibier qui rêve en attendant l'ouverture de la chasse.

Originaire de Bugeaud, en Algérie, Marcel Rivier a été tué le 4 novembre 1914 à l'âge de vingt et un ans près de Dikbuck en Belgique. Son journal de guerre écrit au fil des jours entre la date de la mobilisation et celle de sa mort a été retrouvé sur son corps et retransmis à sa mère, Louise Rivier, née Jalabert, par les autorités militaires.

Dimanche 9 août 1914

La guerre est le paradis des soldats et l'enfer des enfants. Les souvenirs seuls nous font peur de la mort. S'interdire de penser à ceux qu'on aime de peur de sentir vaciller son courage. Quelle tristesse ! Quel touchant héroïsme !

Jeudi 27 août 1914

De loin la pensée vigilante des mères nous fait comme une enveloppe mystérieuse à notre âme s'emmitouflant à moindre froid et à moindre peur. Un peu de la tiédeur d'un sein y reste encore, et c'est d'une douceur triste et profonde, un peu trouble, comme les choses qui nous dépassent ou nous viennent de très loin. Oh ! Réseau léger, réseau exquis qui palpite devant les bottes comme une fine toile d'araignée au vent du matin frais, dans une crainte continuelle.

Et parfois dans le soir, de grands élans de tendresse nous secouent. On a marché, on lutte tout le jour, l'effort physique étouffait en nous la pensée. Telles des bêtes fauves on allait les sens tendus, le cœur bandé comme un ressort neuf. Brusquement, un frisson est venu, puis une lassitude infinie et le besoin immense d'être doux, d'aimer, de faire des caresses, d'avoir des paroles exquises, et de se fondre tout entier dans un seul cri : Maman !

Octobre 1914

Soir tendre

Oh ! ce soir je suis tout frissonnant de tendresse
Je pense à vous, je me vois seul, je me sens loin,
Loin de tout ce dont mon cœur tendre a tant besoin
Hésitant entre l'espérance et la tristesse

Comme un oiseau meurtri mon cœur las que tout blesse
Désirerait un nid très sûr, un petit coin
Où dans la quiétude et la douceur des soins
La douleur se fondrait vaguement en faiblesse

Et des mots d'abandon, des mots mièvres et lents,
De ces mots que l'on sent monter du fond de l'âme
S'écoulent de ma bouche à petits coups dolents

Et je rêve de doigts légers, adroits et blancs
Qui sur mes yeux se poseraient frais et tremblants
Sinon des doigts de mère au moins des doigts de femme
Chassant la vision des souvenirs sanglants

Ton Marcel

Roland Deflesselle avait une marraine de guerre à laquelle il écrivait chaque jour...

le 24 mars 1918

Vous me demandez de vous infliger une punition pour votre léger retard. Puis-je le faire, moi qui en ai une à vous réclamer bien plus sévère pour mon long retard.
En attendant ma semonce, je vous mets à l'amende (puisque votre faute a été commise avant que je ne sois en défaut) de dix gros baisers à me donner... moralement... savoir :
2 sur le milieu des lèvres
1 à chaque extrémité
2 sur chaque œil
1 sur chaque joue.
[...] Si vous êtes de passage à Paris entre mi-Avril et Mai, dites-le-moi, ma petite Jane, et s'il m'est possible de vous rencontrer, j'y aurais le plus grand plaisir.
C'est là que je vous demanderai... pas moralement mais matériellement tous vos baisers de chaque lettre et ceux des différentes rémissions demandées et accordées.
[...]
Et puis je crois que l'esprit, tellement occupé par le travail, est devenu matérialiste, et je n'aime plus comme avant les promenades sentimentales où ma pensée se plaisait à évoquer de douces rêveries... Je sens le bon qui était en moi disparaître peu à peu, et il me semble devenir chaque jour de plus en plus positif.

Roland DEFLESSELLE

Maurice Drans (voir chapitre 3, page 80).

Vendredi 18 mai 1917

Ma Georgette,

Ce repos que nous avons dans le jour après le travail tout le long de la nuit longue – et il n'y a point de clair de lune comme dans mon ami Pierrot – je le consacre à ma Georgette, tant que je peux, soit dans la rêverie où vagabondent les sourires et les joies profondes de notre Paris, soit dans la causerie de mes cahiers. Là, je suis bien seul avec toi, unis avec le monde et les mondes, de l'âme, du cœur, et de la pensée. Le souvenir trace de sa plume d'or une carte lumineuse où sont nos espoirs inspirés. Et je fais le beau voyage, réel, idéal – tant nous sommes dans un même souffle, le parcours ignoré du vulgaire – et si loin d'ici, si près de là-bas par la vision, en imagination de mon cœur, en enthousiasme de ma pensée, en approfondissement de ma conscience, avec des fringales amoureuses renouvelées, des guirlandes de baisers qui en disent long, tressées par l'ingéniosité, des baisers des âmes que la mémoire effleure et prolonge. J'ai construit pour toi dans le temple de mon cœur une belle horloge ancienne, d'un balancier fétiche de la vie douce et qui la rythme, d'une sonnerie intime qui nous invite. Comme une voix nuptiale qui se livre en se recueillant ! Es-tu contente !

Ce qui fait la beauté de la vie, c'est sa vérité, elle existe. Et vivre, c'est suivre la vie avec sa vérité d'aimer. La beauté ! C'est la réalité de vivre avec les chères fatalités du cœur ! Etre heureux, ce devrait être un devoir, en même temps qu'une vertu, une récompense. C'est plus difficile qu'on ne le croit.

Et puis la guerre existe... Ah ! La beauté de vivre ! L'illimité dans le réel et les limites, l'azur suspendu sur l'élan des floraisons, la réalité qui se prête aux forces toujours vives de l'idéal !

– Mon « trou » accroché aux pentes du ravin dont un œil suit de hautes branches qui se balancent n'a plus rien d'obscur – pour peu que mon cœur ne me pèse pas, mais auréole, couronne et diamante la vision accrochée à la nacelle du ciel.

Pourquoi se lamentent-ils, ceux qui m'entourent, toujours

à l'irréel de la guerre ? C'est qu'ils n'ont rien d'accroché d'eux-mêmes, en parfums et en vérités, à l'encensoir qui les dépasse, et qu'ils subissent toujours – et subir ici, quel monstrueux mot, de misère et de sang ! – qu'ils subissent toujours sans réagir jamais. Ils se condensent et s'insèrent au pauvre milieu de douleur avec l'idée fixe attachée à ses bornes épineuses, au bord du gouffre où le pied se perd. Ils sont dans cette bière vivante, à quatre pattes, ils y allongent leur agonie ; la main n'a que le seul contact du suaire suintant de la terre ; le front, la butée au mouvement trop brusque ; l'idée, au livide du lieu ; la menace comme un clou à vif dans les chairs. Le corps n'a qu'une sensation de froid, de cassures, de dislocation des membres, de l'attouchement de la matière. Le cœur, la seule solitude sans appel, dans l'étouffement qui se resserre, le linceul de l'heure ; l'âme, incurable dans la détresse ; n'agitant dans leur conscience, sur le grand désastre de la vie, que les bribes du foyer se consumant, l'espoir s'en allant, puis disparaissant, suivant le Corbillard des abandonnés, des miséreux et des parias que nous sommes, des suppliciés et des maudits.

Ils songent dans le noir cortège des jours, qu'ils ont souvent faim, et plus souvent froid et – qu'au bout du calvaire où se dressent leurs bras en croix viendra peut-être la mort libératrice – et détestée. Ils sont hâves, fiévreux, grelottants, faméliques, las, minés dans la peur et dans l'attente de cette délivrance – par le néant.

Ils savent, ils ont vu – leurs yeux ont les couleurs des boues infinies et du sang qui bouge –, ils ont vu la chaîne se tendre et les tordre sur l'engrenage des fatalités où est la dent qui broie. Et sans répit, sans haleine, comme le leitmotiv d'une nouvelle potence, le cri rauque et d'arrachement à tout ce qu'on va quitter, dans l'acheminement, dans le déploiement soudain, implacable de l'obus qui tue...

Moi je veux être tout seul avec ma Georgette, loin de l'obus, qui ne me tuera pas, loin des nuits d'épouvantement qui s'allongent dans la boue des cadavres, loin des jours infinis de souffrances traversées, des coups d'épée de la mort, loin de la monotonie des ténèbres éternelles, loin de la saleté repoussante, des ordures forcées, de la crevaison de la herse sous la pesée d'un ciel qui n'est plus le ciel.

Qu'un vent de folie sadique secoue le sol, déchire l'air,

arrache l'arbre, couche les beaux épis de la jeunesse... C'est à quoi il faut bien s'adapter de forme sans trop s'y contraindre de pensée ; aussi bien je ne suis plus effrayé, acculé autant que tu peux le croire. J'ai la petite montre de ton cœur sur mon cœur. Si je me trouve en loques : « Georgette, je suis là ! » dit-elle !

Mes moments d'impulsion – et qui n'en a pas – ont pu suggérer à ta cervelle inquiète un martyre courant, les griffes toujours voraces du cafard, un cauchemar inhabitable, voisin de la folie. Non, ma chérie. Quelquefois oui, mais... si nous avons des tempêtes, des alertes, des ruées de l'instinct, de la sauvagerie, ou bien de la prostration et de l'hébétude, nous avons plus souvent – moi du moins, pas tous – de la détente, du calme, un pied à terre moral d'autant plus efficace qu'on fut proche du naufrage.

Je suis dans un de ces bons moments-là, et je ne songe qu'à t'aimer, à t'écrire, à nouer mes bras à ton cou, à sentir des baisers ; rafraîchi du bonheur de toi.

Pas de bruit, tout est apaisé, sauf les oiseaux et les feuillages qui s'en content sur tous les tons. C'est le grand repos après l'orage. Seul, comme une petite toux enrouée, mais très lointaine, là-bas, sur une autre armée, le roulement assourdi et continu du canon ! Il fait beau, il fait bon, je t'aime ! Je veux te le dire encore. Mon cœur s'ouvre au carillon de l'air, aux froufrous, aux bruissements, au langage murmuré et enveloppant de la vie qui recommence. La terre de mon abri sèche ; deux dentelles vertes bordent l'entrée. Dans un coin je vois un petit mouchoir de mousse. Dans le grand éventail paré du bois, tamisé de ciel bleu. C'est à mes pieds, dans les enlacements des branches de mai où se posent des baisers de soleil. Plus haut, ce n'est que la limpidité dorée des espaces !

Un sursaut, une crispation, mon corps soudain comme voulant s'engloutir tout entier dans la terre... L'engin roule dans les espaces avec un ruissellement d'eau soulevée de la rame, un bruit de vapeur grondante qui s'accentue, tonne, éclate... C'est un maousse. Le fracas est terrible. On perçoit la pluie des éclats, montant, s'évasant, s'égrainant sur les arbres, puis retombant alentour de nos abris. Pas un n'est touché. C'est une chance ! Des bruits de moteur parcourent la nue, électrisent – avec la poudre de l'explosion du 105 – l'atmosphère. Me voilà nerveux ; presque défaillant

comme un poussin ; et si fragile ! Une longue théorie de crissements gigantesques vient sur nous, coup sur coup. Dans une chute de déraillement de train, dans une saute de machine en furie qui vous éclabousse de ferraille. Une odeur de poudre et de calcination nous empeste les narines, nous oppresse. De la ouate grise se délaie et embue de volutes le miroir de cristal du jour. Et ce n'est plus qu'un ébranlement des éléments, des roulements, des gueulements vomissants, des ululements saccadés, un crépitement ; le brasier monstrueux traversé de coups d'éclairs et de tonnerre. Les fusants, comme des parachutes de pointe de feu, comme des casques de flammes instantanées, se disloquent en l'air, et tombent, élargissant leur rayon de chute, en sortie d'arrosoir. Les percutants éclatent du ventre par terre en tonitruant et en se dégonflant de gros jets de terre. Les fusants et les percutants alternent dans ce tocsin des enfers, sous la flamme pâlie du soleil. Un soulagement. Les nôtres répondent. – Et quelle réponse ! En avant de nous les 75, puisque nous sommes en lignes de réserve, avec le bruit aigu et net que nous connaissons si bien. En arrière les grosses pièces, dont le 155 Rimailho, un 75 plus puissant, aussi rapide, la détonation stridente et déchirée, les pièces de marine, les Schneider. Je mets un peu de coton dans mes oreilles, car, en avant des pièces, vous soufflant presque à la figure, le bruit est plus assourdissant, plus infernal qu'en arrière. On voit des éparpillements de feu, comme des gerbes fugitives, et soutenus par leur fréquence, trouant de lumières la nappe plus opaque de l'air enfumé.
Quel déroulement majestueux, épique dans l'horreur, de ces crachements de flammes de nos gueules d'acier forçant les leurs à se taire, leur rentrant leur haine dans la panse accroupie ! Très haut passe le souffle lent de nos gros calibres. C'est de la douceur dans la sauvagerie, ces réponses. France ! Ralliement !
Soudain tout se tait. Encore une fois la vie sous le ciel recommence dans le feu d'artifice plus attendri du soleil, qui se couchera ce soir pour un soir, et se lèvera demain, toujours, comme de l'Eternité en marche.
Y a-t-il des morts ? Je n'ose le savoir. Je me suis remis à t'écrire ; je le saurai assez tôt.
Puis le sommeil me prend ; un sommeil stupide d'écrase-

ment sous la hache. Pardonne-moi. Ce n'est plus une question de cœur et de pensée, mais le tempérament labouré de sensations réclamées.
Mets tes bras autour de mon cou pendant que je vais reposer, et souffle-moi à l'oreille ce qui berce et apaise dans le frisson de ta jeune âme.

Mille caresses de ton Maurice

Joseph Thomas était agriculteur et habitait Saint-George-d'Espéranche. Cette lettre était destinée à son fils âgé de quinze mois. Joseph n'avait plus que huit mois à vivre puisqu'il fut tué le 30 mars 1916 à Verdun.

5 août 1915

A mon petit Armand

Tu es encore bien jeune et ne peux comprendre ce qui se passe en ce moment : la guerre, ses horreurs, ses souffrances. Cette carte sera un souvenir de ton père, et il souhaite qu'à l'avenir les hommes soient meilleurs, et que semblable chose ne puisse plus arriver. Que jamais tu n'aies besoin, et sois forcé, de mener la vie que je subis en ce moment en compagnie de beaucoup de papas qui ont laissé, comme moi, de petits anges chez eux.
Pour t'élever, tu te trouves d'être bien pénible, mais tu te rattraperas de cela en étant dans quelques années un petit garçon bien gentil et obéissant. Le moment venu, je serai sûrement auprès de toi pour te diriger, mais si mon espoir était déçu, en mémoire de ce père que tu n'auras pas connu, redouble de gentillesse pour ta mère et pour ceux qui t'élèveront. Devenu un homme, sois du nombre de ceux qu'on appelle les honnêtes gens. Sois bon pour ton prochain, ne fais pas ce que tu ne voudrais pas qu'il te fût fait. Vénère ta mère ; sois pour elle un soutien véritable.
Rappelle-toi aussi que le vrai bonheur ne se trouve pas dans la richesse et les honneurs, mais dans le devoir vaillamment accompli, ainsi que les bonnes actions.
Si le destin te donne des épreuves à subir, sois courageux et tu les surmonteras, mais si par malheur tu te laisses entraîner par le vice, les passions, relis vite mes conseils, ne te laisse pas aller à la dérive. Il n'y a que le premier pas qui coûte ; une fois entraîné par le courant, on roule

de chute en chute, et il arrive qu'on ne peut plus se relever. C'est trop tard. Alors, arrivé à ce point, la vie est finie. Gâchée par sa faute. Et on est plus bon qu'à être la risée, ou montré du doigt par tout le monde, suivant le penchant qui a perdu l'homme.

J'espère n'avoir pas à rougir de toi car je sens que tu suivras le chemin de l'honneur.

En attendant de pouvoir te choyer et caresser, je te fais, mon petit fanfan, de grosses bises.

Joseph THOMAS

Albert-Jean Desprès était né le 21 décembre 1881 à Nouan-le-Fuzelier. En 1914, il était le père d'un petit Albert âgé de sept ans. Commerçant et secrétaire de mairie à Pierrefitte-sur-Sauldre dans le Loir-et-Cher, Albert-Jean fut nommé lieutenant au 96e régiment d'infanterie. Il fut tué le 21 avril 1918 à trente-sept ans au cours de la bataille des Flandres dans la région de Hauts Rouge et de Vidaigne.

11 octobre 1916

Lettre à mon fils qui vient d'avoir neuf ans :

Mon cher petit,

Tu viens d'avoir neuf ans, et cet âge charmant, le voici devenu le plus émouvant des âges. Trop jeune encore pour participer à la guerre, tu es assez grand pour avoir l'esprit marqué de ses souvenirs, assez raisonnable pour comprendre que c'est toi, c'est vous les enfants de neuf ans qui aurez plus tard à en mesurer les conséquences et à en appliquer les leçons.

Quelle belle vie, harmonieuse et pleine, nous vous aurons préparée là, si vous savez en effet, si vous voulez vous souvenir et comprendre ! C'est pour que tu te souviennes, mon petit, que j'accepte volontiers les angoisses de l'heure, tous les risques, et la séparation plus cruelle que tout, qui bouleversent le cher foyer où nous vivions avec ta mère, où nous t'avons tant choyé.

Et comme au temps où tu étais un « tout-petit », et où je t'assoyais sur mes genoux, pour te raconter des histoires ou te montrer de belles images, écoute, de toute ta tendresse attentive, des choses qui d'abord sembleront peut-être un

peu graves, même à un grand garçon de neuf ans, mais que je serai plus tranquille de t'avoir dites, mon cher petit, assuré que, de ma bouche, tu t'y attacheras davantage, et que tu les comprendras – oui, ton papa sera ainsi plus tranquille si, la guerre finie, il devait n'être plus là pour te les expliquer.
Tes neuf ans qui te préservent, qui te gardent à ta mère – à moi, et à la France – tes neuf ans, pourtant comme je les bénis !
Je ne me crois coupable ni de faiblesse ni de sensiblerie. J'admire ce général, que je connais, et qui ne porte pas le deuil de ses fils, et qui n'en parle jamais – deux fils, toute sa tendresse et tout son orgueil, tombés le même jour, vingt ans et dix-neuf ans – qui ne porte pas leur deuil « pour ne pas attrister et amollir le courage de ses hommes ».
Je l'admire, je ne sais pas si j'aurais la force de l'imiter. Je t'aurais serré contre mon cœur et puis, sans larmes, sans cris, comme les autres, j'aurais attendu et coopéré.
Mais il ne me sera pas défendu de me réjouir si ce fut mon tour et non pas le tien, et si c'est moi qui suis parti, et que tu restes.
C'est à mon sens, un des problèmes les plus poignants d'une guerre, de choisir par avance lesquels de ses défenseurs-nés une nation doit offrir les premiers au sacrifice.
Je dis franchement : Un homme de trente-cinq ans qui meurt est un foyer détruit, avec toutes ses responsabilités et ses charges – mais je ne puis ni m'empêcher de me demander si il n'y a pas encore plus de tristesse lorsque ce qui est brutalement détruit, c'est l'espoir même du foyer.
Certes, je sens combien, à quitter ma chère femme et mon enfant chéri, mon chagrin serait immense mais du moins par eux, j'aurais eu des années de bonheur et d'amour, et l'amertume de mes regrets ne se résumera qu'à la douceur de mes souvenirs.
Je regretterai ce que je n'ai pas fait, tout ce que j'aurais dû pouvoir faire ; mais je penserai en même temps que tu es là, toi mon fils, pour me continuer, pour réaliser ce que j'avais seulement projeté ou rêvé.
La mort de l'enfant est accablante et stérile, celle du père, une mort noble comme toutes les morts d'aujourd'hui, apparaît bien au contraire exaltante et féconde.
Comprends-tu maintenant, mon petit gars, tout ce que nous avons mis en vous, nous les pères, à cette heure grave, tout

ce que nous attendons de vous, fils de neuf ans, et pourquoi je dis qu'en partant les premiers nous aurions la meilleure part ? Car si Dieu ne permet pas que la fin de la guerre nous réunisse comme autrefois, au lieu du vide affreux, du morne désespoir où m'eût plongé ta perte, ma dernière pensée aura été réconfortante et douce, celle du souvenir et de l'exemple que j'aurai tâché de laisser.

Aux armées, le onze octobre 1916
Lieutenant DESPRÉS

Lazare Silbermann était à la fois le patron et l'unique employé de sa petite entreprise « Tailleur pour dames ». Avant de partir sur le front comme engagé volontaire parce qu'il veut s'acquitter d'une dette essentielle auprès de son pays d'accueil, Lazare ressent le besoin d'écrire une lettre testament à son épouse Sally, qui comme lui est réfugiée roumaine, et à ses quatre enfants en bas âge... Lazare survivra à la guerre et mourra dans les années 20 terriblement affaibli par les séquelles de ses combats. Sally sera déportée et exterminée vingt-deux ans plus tard.

Paris, le 7 août 1914

Ma chère Sally,

Avant de partir faire mon devoir envers notre pays d'adoption, la France que nous n'avions jamais eu à nous plaindre, il est de mon devoir de te faire quelques recommandations car je ne sais pas si je reviendrai.
En lisant cette lettre, bien entendu, je n'y serai plus, puisqu'il est stipulé qu'il ne faut ouvrir la lettre qu'après ma mort :
1) tu trouveras dans le coffre-fort quatre lettres que tu remettras à qui de droit,
2) tu trouveras un papier timbré de mon actif et de mon passif où il est bien stipulé que tu es avec nos chers enfants les seuls héritiers du peu, malheureusement, qu'il reste de moi. [...]
Bien sûr, ma chère, je sais que je te laisse dans la misère car tout cela présente beaucoup et en réalité ne présente rien. Je te laisse un gros fardeau que d'élever quatre petits orphelins que pourtant j'aurais voulu les voir heureux car tu le sais que je n'ai jamais rien fait pour moi. J'ai toujours pensé te rendre heureuse ainsi que nos chers petits. J'ai tout

fait pour cela et, pour finir, je n'ai pas réussi ce que j'ai voulu.
Je te remercie pour les quelques années de bonheur que tu m'as données depuis notre mariage hélas trop court, et je te prie d'avoir du courage, beaucoup de courage pour élever nos petits chérubins en leur inspirant l'honnêteté et la loyauté, en leur donnant l'exemple par toi-même, et je suis sûr qu'il ne te manquera pas de courage. Parle-leur toujours des sacrifices au-dessus de ma situation que j'ai faits pour eux et qu'ils suivent mon exemple. Quant à toi, je crois qu'il te restera des bons souvenirs de moi. Nous nous avons aimés jusqu'à la fin et c'est ce souvenir et celui de ma conduite envers toi et envers tout le monde qui te donneront du courage de supporter le gros fardeau que je te laisse. Une dernière fois, je t'engage à bien sauvegarder l'honneur de nos chers enfants en leur donnant de bons exemples et je suis sûr que cela répondra comme un écho quand le moment arrivera. Je t'embrasse une dernière fois.

Ton compagnon de bonheur et de malheur,
LAZARE

Mes chers petits enfants,
J'ai une suprême recommandation à vous faire. Aujourd'hui, vous êtes petits ; demain vous serez grands. Prenez en considération ce que je vous écris. Respectez votre maman ; obéissez-lui sans cesse car c'est elle qui a la lourde charge de la mère et du père... Prenez l'exemple de nous. Aimez-vous, soyez loyaux et honnêtes, et vous serez heureux en ayant votre conscience tranquille. C'est à toi, Rosette, ma chère enfant, de donner l'exemple à Ernestine ta petite sœur et à Jean et Charles tes petits frères pour que vous preniez tous le bon chemin. Soyez tous bons enfants. [...] Que mes larmes que je verse en faisant cette lettre vous inspirent de faire tout ce que je voudrais et que vous deveniez tout ce que je vous souhaite.
Gardez précieusement cette lettre ; souvenez-vous de votre malheureux père et suivez ses conseils.

Lazare SILBERMANN

P.-S. : Surtout respectez votre maman. Evitez-lui tout chagrin qu'il pourra lui se présenter. Adoucissez-lui sa vie et faites-lui oublier tout ce qu'il pourra se présenter comme amertume dans la vie.

Willi Lutz avait vingt-trois ans en 1914 ; adjudant de l'armée allemande, il appartenait au 246ᵉ régiment d'infanterie. Il fut tué sur le front près de Lorgies le 30 juin 1916. Cette lettre fut écrite à sa sœur deux jours avant sa mort.

Le 28 juin 1916

Chère petite sœur,

Merci beaucoup pour ta gentille lettre du 23 de ce mois et pour l'argent. Ta lettre m'a vraiment fait très plaisir, et sans vouloir te flatter, tu écris véritablement des lettres très aimantes et très gentilles. J'ajoute que je te comprends si bien, et tes gentilles lettres me semblent toujours si parfaitement claires. Je comprends bien que je suis encore de temps à autre un mystère pour ma chère Louise. Je sais très bien que je l'ai déjà été par le passé pour cette âme si bonne et si gentille et que je le reste parfois encore aujourd'hui.

Mais il faut dire aussi que je me trouve réellement dans une situation très difficile. Je sais, j'aime Louise, je la vénère et j'ai la plus grande considération pour elle, je pense aussi qu'elle pourrait, un jour, devenir très facilement ma charmante petite épouse. Mais faut-il donner dès maintenant sa parole en ces temps obscurs ? Puis-je le faire ? Dois-je le faire ? Que de changements peuvent encore advenir. Dès demain, je peux me faire estropier, une balle peut me rendre infirme. Et qu'adviendra-t-il ? Ai-je le droit de demander à ma noble et bonne Louisette de me prendre pour époux dans de telles conditions ? Que lui apporterait dans ce cas le mariage ? Non, jamais. Bien sûr, ce serait peut-être très agréable pour moi, mais jamais je ne pourrais me faire à cette idée. Ma conception du mariage est si élevée que je m'en effraie presque.

Je suis si déprimé ! Ma chère Louise ne m'a pas écrit depuis quatre jours. Si elle savait à quel point j'attends son courrier. Depuis quatre jours, je demande à mes gars : « Il n'y a rien d'autre, j'attends une lettre depuis une éternité déjà. » La réponse est tous les jours : « Non. » Et demain soir, on monte aux tranchées ! Qui sait si je reverrai jamais sa chère écriture. Je suis très déprimé, de toute ma vie je ne l'ai jamais été autant. Il y a quelque chose dans l'air, je le sens venir. Je me donne du courage en me disant : « Tu es soldat et tant que tu es soldat, tu es encore soldat. Nous

vivons une grande époque. Chacun remplit son devoir jusqu'à la dernière extrémité. » J'en suis conscient, mais Mélanie, ma tendre et fidèle sœur, je te le dis à toi seule, je ne suis plus le même soldat qu'avant. Qu'est-ce qui ne va pas ? Peut-être le devineras-tu plus facilement que je ne pourrais te le dire ? Où est passé le patriotisme ardent, le grand enthousiasme de 14 ? Où que je tourne mes regards, je n'en vois plus de traces et je connais des gens parmi tous les grades, même les plus élevés...
Et ces réflexions me rendent très nerveux. Je ne supporte plus cette maudite artillerie, il faut que je me maîtrise, et que je fasse un effort sur moi-même pour rester un exemple pour mes hommes. Que nous réserve encore cette époque ? J'avais une bonne recrue, professeur dans le civil, que nous fréquentions beaucoup, feu mon cher Vöhringer et moi-même. Il était adjudant comme moi dans le deuxième bataillon. Quelques jours après l'accident de Vöhringer, une balle lui a traversé le poumon et les intestins et il a été grièvement blessé. Dieu merci, il est en train de se rétablir et écrit maintenant d'Allemagne à un adjudant plus âgé que je connais aussi : « Construisez des asiles de fous et des prisons, etc... » Mais veux-tu vraiment tout savoir ? Il vaut certainement mieux que j'arrête de philosopher et que je te dise plutôt que cela m'a fait très plaisir d'avoir trouvé une fois encore un peu de temps et de courage pour m'entretenir avec ma chère petite sœur adorée. Mais que cela ne te monte pas à la tête, j'aime aussi <u>beaucoup</u> Julie ainsi qu'Alfred, mon frère unique. Mais c'est vrai que tous les deux, nous jouissons d'une harmonie qui ne se rencontre que très rarement. Et pourtant, je me sens si coupable envers vous, mes chers parents et ma chère Louise. Serons-nous quittes un jour ? Je n'y crois guère.
Ce soir, j'ai eu pour la première fois une conversation avec mes deux hôtesses. Elles disaient, entre autres choses, qu'elles priaient quotidiennement leur Dieu pour que la guerre s'arrête bientôt, et elles m'ont demandé si je le faisais aussi. Je ne leur ai rien répondu. Elles m'ont dit alors : « La guerre, grand malheur. » Leur mari, tous les deux au front, pas de lettres, pas de journaux, pas de pain, pas de charbon, etc., dépendant de l'Allemagne pour tout. L'une des deux femmes m'a montré sa machine à coudre et m'a raconté qu'elle était très bonne et qu'elle n'avait pas été réparée depuis quinze ans. Je me suis approché et j'ai lu : « Singer ».

Je lui ai dit que c'était un produit de fabrication allemande et que, « en Allemagne, tout très bon ! » Elle m'a approuvé en riant et a dit que les soldats aussi étaient très, très bons mais naïfs, car ils croyaient tout ce qui était marqué dans les journaux allemands, etc. Je pourrais t'en raconter aujourd'hui beaucoup plus, mais huit pages déjà, sapristi, c'est déjà beaucoup trop pour une guerre si dure et si froide. Demeure encore à l'avenir comme tu le fus jusqu'à présent, ma bonne et fidèle petite sœur, et laisse-toi embrasser de tout son cœur par ton petit frère fidèle et reconnaissant.

Willi

Joseph Gilles était un ouvrier agricole landais qui écrivait chaque jour à sa femme Corine. Il a été tué par un éclat d'obus, au moment de la relève, sur le front le 20 août 1916. Il venait d'avoir trente-six ans.

le 6 août 1916

Aujourd'hui, dimanche, repos complet ; messe militaire à 9 heures dans l'église de Cérisy, j'y suis allé. Tu dois te penser, ma chère Corine ; moi qui n'allais pas souvent à la messe avant la guerre, maintenant j'y vais toutes les fois que j'ai l'occasion. Tu vas être obligée de croire que je suis redevenu chrétien. Eh bien, entre les deux, je veux qu'il n'y ait rien de caché, je veux te faire savoir tout ce que je pense et tout ce que je fais.
Je vais à la messe parce que le danger m'a effrayé, et m'a fait réfléchir à des choses auxquelles je ne voulais guère penser avant la guerre.
Lorsque j'étais avec toi, j'étais pris par mon travail, et je voulais en même temps me passer quelque plaisir, et je ne réfléchissais guère à ce qui devait m'attendre ici. Je ne pensais qu'au présent. Mais lorsque je me suis vu privé de tous les plaisirs, quand les obus et les balles m'ont mis devant la mort, et c'est aussi en prenant les longues heures de garde au créneau que j'ai eu le temps de réfléchir, et maintenant j'ai pris au sérieux ces croyances avec lesquelles j'ai discuté si souvent avec les camarades. Voilà comment ça se passe et que l'on dise ce qu'on voudra, je sais que tu seras de mon avis.

Joseph GILLES

Paul Heng était licencié en philosophie. Sous-lieutenant au 178e régiment d'artillerie, il écrivait tous les jours à sa jeune fiancée Christiane qui partageait son amour de la philosophie et allait avoir dix-huit ans. Paul Heng sortit indemne de la guerre. Comme un million de Français, il fut tué par la grippe espagnole en février 1919.

Mardi 8 mai 1917

Mon joli bébé, cela fait deux jours que je suis ici tout seul avec trois éternels poilus qui montent la garde sans trêve auprès des pièces. Tout le reste de la batterie est resté au village. Nous sommes là, piliers de gourbis. Les pièces sont braquées. C'est épatant sous ce bois de cerisiers tout en fleur ! Et si nous étions au temps des cerises !... Et quel panorama ! Quelque chose comme à Courpière et le village dans le bas quelque chose comme aux Brugerons.

[...] Voyons ! Que voulais-je dire ? Oh ! cette solitude et cette garde tranquille me plaisent. Souvent j'envoie un homme pour aller chercher tes lettres, mais elles persistent à ne vouloir pas arriver. Figure-toi, j'avais besoin de cette paix pour étudier. Si tu voyais tout le zèle que je dépense aux mathématiques.

Je vais avoir terminé un petit bouquin d'algèbre. Ensuite j'entame la géométrie.

Depuis une heure qu'il pleut, je commence à m'en apercevoir car ce liquide firmamentesque obéït malheureusement aux lois de la pesanteur et subséquemment tend à descendre dans les trous, nos repaires à nous.

Regarde, la fleur est avancée ; ce sera bientôt le temps des cerises où l'on s'en va deux cueillir en rêvant des baisers vermeils.

Paul

Le sous-lieutenant F. G. écrivait à son père pour exprimer l'horreur de ce qu'il vivait au quotidien. Comme pour beaucoup d'autres poilus, le courrier était pour lui une sorte de thérapie en temps réel : se confier, c'était exprimer ; ne pas tout garder pour soi. Extérioriser un peu l'horreur pour qu'elle ne vous dévore pas...

11 juin 1915

Je veux te conter en détail les derniers combats auxquels j'ai pris part. Ne sois pas attristé ou plus inquiet de ce sombre récit, toutes ces horreurs ne font que mieux ressortir le courage de ceux qui les affrontent.

[...]

Il fait un temps magnifique et le spectacle est indescriptible. Figure-toi l'énorme plateau où il ne reste plus un arbre ni le moindre brin d'herbe, un sol convulsé et noirci... des milliers de cadavres français et boches, des armes brisées, des débris de toutes sortes. Là-dessus pèse une chaleur lourde, l'odeur est atroce et de grosses mouches bleues essaiment en tourbillons. A chaque instant, de gros obus creusent, fouillent dans cet amas. Il faut ramper pendant des heures, se faire un rempart des cadavres... Enfin nous sommes au point P2. Le lieutenant P... nous attend dans un abri. Nous déployons les cartes. Un planton nous avertit que la première ligne attaque... Une trombe formidable, l'obus s'abat sur nous... Je compte 16 obus de 210 en dix minutes, le dix-septième tombe sur notre abri, le plafond en gros pins de Norvège commence à céder et à se disloquer. L'un de nous lit à haute voix l'acte de contrition... puis, je ne sais plus... tout s'écroule, explosion indicible, gaz suffocants puis plus rien. Je me tâte, il fait noir... nous sommes murés dans l'abri. J'allume une bougie, mes deux compagnons sont sains et saufs, nous creusons un passage avec nos mains, je suis le plus mince et réussis à passer entre deux poutres... Le ciel est toujours bleu, mais je ne reconnais plus le terrain, un obus de 340 est tombé à six mètres de nous, tuant vingt hommes et creusant un trou de trois mètres de profondeur. Nous l'avons échappé belle...

Sous-lieutenant FG

Le commandant Georges Pétin, officier de Saint-Cyr, a passé la majeure partie de la guerre sur le front grec. Il écrivait tous les jours à sa femme et à ses trois enfants nés en 1911, 1913 et 1915. Il a été tué le 15 septembre 1918 à la bataille du Sokol.

Le 5 mars 1918, 22 heures

Ma petite Chatte Chérie,
Ô Mon Amour

[...] Quand je songe aux restrictions dont vous êtes privés,

je me trouve honteux d'avoir à discrétion pain, viande, sucre, etc. Actuellement nous sommes très bien alimentés. Si seulement nous pouvions arriver à faire pousser quelques légumes frais pour nos soldats, ce serait parfait. On essaye mais il faut trop de bras. Or il y a des tranchées à faire et à garder et il y a des troupes à instruire et il y a à menacer sans cesse l'ennemi. Pour tout cela il faut du monde.
Tu veux que je te raconte ce que je fais ; sans dévoiler aucun secret je puis te satisfaire ; prenons mon emploi du temps d'hier et celui d'aujourd'hui.
Dimanche : Réveil à 7 h 15, un baiser à Chouchou à 7 h 15mn 1 s, par TSF chiffre avec la clef.
L'Amour triomphe de l'espace. 7 h 30, la toilette est terminée, j'examine le courrier arrivé dans la nuit ou le matin à l'aube. 8 h à 8 h 20, messe dans une baraque minuscule ; à dix hommes debout on est très serrés. De 8 h 22 à 11 heures, examen, critiques, réflexion et ce, sur toutes sortes de questions à présenter au Général. 11 heures à 12 heures, déjeuner. 12 heures à 13 h 30, réexamens de différentes questions. 13 h 30, départ en auto jusqu'à la limite accessible avec la voiture puis à pied dans les mûriers et les ravins dénudés, visite d'un coin de secteur tenu par un camarade chef de bataillon. Examen de quelques questions avec lui, retour à 17 heures. Signature de multiples pièces, réexamens de quelques questions, présentation des choses importantes au Général, tout cela nous mène à 19 h 30. 19 h 30/21 heures, dîner et causerie. 21 heures/23 heures, lecture d'une quantité de rapports sur les travaux en cours, de petits engagements, des projets, etc., à présenter le lendemain au Général.
23 heures, coucher et roupillade du sommeil du juste après trente-six heures. Baisers envoyés à Chouchinette par TSF (même clef).
Lundi : réveil à 7 h 15/7 h 16, je n'avais pas encore enfilé mon caleçon qu'un officier était pendu à ma porte. Je lui demande dix minutes. Matinée comme la veille sauf la messe. Après-midi, dès la fin du repas, lecture de rapport, etc., examen de questions sans arrêt, causerie avec un représentant de l'aviation ; parle du travail à faire, de la liaison, etc. 17 heures, signature, etc. 21 heures, encore quelques petites questions puis entamer la lettre à Chouchou qui n'est pas encore finie. Il est 22 h 30, le torrent roule toujours ses flots contre les galets qui obstruent son

lit, le moteur du groupe électrogène tapote sans arrêt. Il fait nuit noire et mon cœur lance dans l'espace de vibrants appels à ma Chouchou, ma petite femme bien-aimée, la petite compagne de ma vie, celle que j'aime tant. Ma toute Chère, à demain ; je t'aime et suis ton tout à toi.

Georgillot

Le capitaine adjudant-major Georges Gallois était un inspecteur de la police parisienne avant la guerre. Il avait vingt-neuf ans en 1914. Mobilisé au 221ᵉ régiment d'infanterie, il ne retrouva son épouse et sa fille née en février 1914 qu'à l'âge de trente-trois ans. Il survivra à la guerre mais sera tué le 25 juin 1944 lors du mitraillage d'un train par des avions alliés, en Seine-et-Marne.

Verdun, 15 juillet 1916, 4 heures, soir

Mes chers parents,

Je suis encore vivant et en bonne santé, pas même blessé alors que tous mes camarades sont tombés morts, ou blessés aux mains des Boches qui nous ont fait souffrir les mille horreurs, liquides enflammés, gaz lacrymogènes – gaz suffocants – asphyxiants, attaques...

Ah ! Grand Dieu, ici seulement c'est la guerre.

Je suis redescendu de première ligne ce matin. Je ne suis qu'un bloc de boue et j'ai dû faire racler mes vêtements avec un couteau car je ne pouvais plus me traîner, la boue collant mes pans de capote après mes jambes... J'ai eu soif... pas faim... J'ai connu l'horreur de l'attente de la mort sous un tir de barrage inouï... Je tombe de fatigue... Je vais me coucher, au repos dans un village à l'arrière où cela cogne cependant, voilà dix nuits que je passe en première ligne. Demain les autos emmènent le reste de mon régiment pour le reformer à l'arrière, je ne sais encore où.

J'ai reçu à mon retour ici vos lettres et le colis. J'ai compris la combinaison proposée par le Cheu. Merci.

J'ai sommeil, je suis plein de poux, je pue la charogne des macchabées.

Je vous écrirai dès que je vais pouvoir. Soyez donc tranquilles. J'espère que le gros coup pour nous a été donné. Bonne santé, et je vous embrasse bien affectueusement.

Georges

Ne m'envoyez plus de colis.

Jean Mando, simple soldat au 226ᵉ RI, écrit à son ami, le lieutenant-colonel Jean Guy, renvoyé sur ses terres bretonnes sans doute parce que ses idées ne cadraient pas avec celles de sa hiérarchie.

Jeudi 11 juillet 1918

Mon cher Jean,

Je suis en ce moment dans une maison abandonnée ; nous cantonnons dans une salle de bal et, des poilus ayant trouvé un piano mécanique, viennent de réussir à le faire marcher ; aussi, ne vous étonnez pas si les flots d'harmonie qui sortent de ce piano coupent le fil embrouillé de mes idées et rendent mes phrases filandreuses.

Mon régiment me plaît assez, bien que j'eusse préféré y trouver un peu plus de solidarité, il est composé d'éléments trop disparates pour cela ; il y a avec moi des Flamands, des Bretons, des Méridionaux, des Parisiens, etc., des territoriaux et des jeunes. Il y a des gradés assez sympathiques, à part les immanquables exceptions ; certains attachent trop d'importance à l'astiquage, ils font leur service de trop près à l'arrière, et... de trop loin en ligne ; bien que je ne sois pas très qualifié pour critiquer en cette matière, il ne m'est pas difficile de m'en apercevoir.

Le moral des hommes n'est pas trop mauvais au fond, on peut en juger d'après la belle conduite du régiment durant l'offensive de mars, la veille de l'arrivée de mon renfort.

La nouvelle du dernier règlement pour les permissions a bien provoqué des récriminations, mais le poilu, surtout celui qui a quatre ans de guerre, reste le même, grognard d'apparence, aigri, mais au fond, plié et résigné, se contentant à force d'habitude, de son train de vie monotone. Pourvu que le poilu ait son tabac, son pinard et une permission de temps en temps, c'est tout ce qu'il lui faut, on ne le mécontenterait réellement qu'en supprimant une de ces trois choses.

Je ne sais d'ailleurs pas trop pourquoi je vous parle ici du moral du poilu car il y a des chances pour que vous ayez eu plus de temps que moi pour observer le caractère des combattants. Il est vrai que comme simple soldat, je puis observer de près mes camarades.

[...]

Bien des choses à tous,

Affections. Jean

Heinrich von Helldorf avait trente-cinq ans en 1914. Il écrivait à son épouse, Mme von Helldorf, née comtesse Wedel. Il était capitaine de l'armée allemande, au 1er régiment de la garde à pied. Il est mort à Veldhoek près d'Ypres, le 11 septembre 1914.

12 août 1914

Ma chérie, je ne peux exprimer combien je pense à toi. Malgré la longue distance qui nous sépare, j'ai le sentiment de ne faire qu'un avec toi. Tu es venue à la gare comme tu me l'avais promis. Merci beaucoup ! Je me sens béni et protégé par ton amour. Ma chérie ! Je suis si heureux à chaque instant, et tout cela, grâce à toi qui me comprends si parfaitement et qui te montres si indulgente envers moi. Je baise les étiquettes que tu as écrites sur les petits flacons. Où que j'aille, je me sens enveloppé par ton amour. Je te remercie sincèrement et ardemment de l'amour que tu me donnes !

Ton Heinrich

W. Tafel était sous-lieutenant de uhlans (cavalerie allemande). Après avoir été grièvement blessé, il écrit cette lettre à la fin de sa convalescence à l'intention de sa maîtresse, infirmière volontaire, mariée à un haut fonctionnaire.

Stuttgart, le 12/13 mai 1916

Aujourd'hui, dernière matinée à Stuttgart. Les arbres sont en fleurs et les oiseaux chantent. J'ai rempli mon devoir aussi bien que je l'ai pu, et maintenant, il n'est rien qui ne me soit plus cher que de t'écrire. Je ne savais pas qu'on pouvait pleurer pendant des semaines sans que personne le remarque. C'est comme si des larmes brûlantes me tombaient de l'intérieur du cerveau sur le cœur et le consumaient. On peut travailler, manger, dormir, oui, on peut rire, s'il le faut. C'est dans cet état d'esprit que j'ai vu les horloges de la gare de Karlsruhe et la cathédrale de Strasbourg. – Je fermais les yeux et je te voyais, je voyais la femme aller et venir là-bas, toute seule puis descendre du train sur ce quai. Je marchais à ses côtés et respirais un parfum de lilas. La douleur se cristallisait alors en moi, j'étais seul et je m'y abandonnais de tout mon être. Je la voyais alors à genoux sur un rocher, à même la roche dure.

– Puis je suis allé rendre visite à mon oncle à Namur. J'y ai fait la connaissance d'officiers haut gradés et de hauts fonctionnaires, et je les ai entendus dire des choses qui me semblaient belles et grandes. Et il m'a semblé que ce devait être un grand bonheur de pouvoir être, à mon échelle, une force agissant librement, c'est-à-dire, une force individuelle dans ce chaos de forces contradictoires qui déterminent le sens de l'histoire. (Mais, pour cela, je suis encore beaucoup trop jeune. Si tant est que j'ose me prévaloir de pouvoir devenir un jour cette force individuelle !) J'ai été à Bruxelles et aussi deux jours à Sarrebrück. Cela n'a guère fait avancer mes affaires. Je veux parler de mon devoir et de mon souhait d'aller le plus vite possible au front. Lorsque j'ai quitté Namur le 1er mai, rien n'était encore décidé. Il n'est pas très facile de faire la part des choses lorsqu'il s'agit du devoir, de l'honneur et pour ainsi dire, de la vie. Et c'est ce que j'ai dû faire, si je voulais m'éloigner des sentiers battus. Le 3 finalement, j'ai envoyé une lettre au Général Gr. où je lui donnais ma parole. On ne prend de telles décisions que lorsqu'on a reconnu la supériorité morale du seul choix possible. C'est ce que nous commande notre conscience. Si on ne reconnaît pas cette supériorité morale, c'est alors que surgissent les conflits avec soi-même.
Mais maintenant, j'ai décidé. Ce pas m'éloigne définitivement de mon régiment. Ce que le commandant du régiment d'infanterie, avec lequel je me suis lié d'amitié, me répondra lorsqu'il recevra la lettre dans laquelle je lui demande de m'appeler au front est évidemment, comme tout le reste, incertain. Finalement, ce sont la fierté et l'ambition qui ont guidé mon choix. Etait-ce juste ? (Je voudrais pouvoir dire à la mort : « Je ne te cherche pas car tu m'es trop odieuse, je ne t'évite pas pour autant car je te méprise trop pour cela ! ») Ici, à Stuttgart, j'ai eu beaucoup à faire. Mais à chaque fois que je devais faire quelque chose, que je l'avais fait, mes pensées revenaient toujours à la même idée. Comment vais-je rattraper l'attelage de chevaux gris pommelés pour aller chercher la comtesse ! ? Mes pensées tiennent tantôt du rêve et du conte de fées, tantôt de la terrible noirceur du péché et du crime. Puis ces pensées convergent, se rencontrent, se mélangent et me poussent jusqu'aux limites de la folie. Parfois je ne vois pas d'issue. Il me semble alors à nouveau que je ne pourrais expier cet excès de bonheur que par la mort – Goethe, lui, aurait fait surgir

de ce brasier une œuvre titanesque. Peut-être ce brasier me consumera-t-il ? Mais puisqu'il est sacré, je veux bien qu'il me consume. Je veux combattre à tout prix – tant que je le peux –, j'ai prié le Dieu des montagnes pour qu'il me laisse combattre. (Le « pur » combat !) J'aime le combat, la douleur, le feu, autant que je t'aime et que j'aime la vie. Je suis comblé de mon amour pour toi, du matin au soir, lorsque je suis seul, il me parle et j'entends alors les mots qui attisent la braise qui brûle en moi. J'essaie de tout regarder avec les yeux de l'amour, de tout entendre avec les oreilles de l'amour, comme je l'ai appris de toi. Tout ce qui est beau, heureux, joyeux – les arbres en fleurs, les oiseaux qui chantent – me rappelle l'amour et est une partie de lui, est l'amour même. J'aspire à l'amour comme le prisonnier aspire à la liberté et au soleil. Il me semble alors parfois qu'il me voit. Mais la laideur que je combats et qui me fait souffrir dévore mes forces, et comme le blessé a soif, mon cœur a soif d'amour. – Car c'est l'amour qui nous donne des forces ! – Alors, je tremble de peur qu'il ne se détourne de moi ou que je n'aie plus la force de me souvenir du parfum de ces cheveux, du baiser de ces lèvres et du battement de ce cœur. Le meilleur de moi-même serait alors anéanti. Mais je veux en être digne, je veux passer par l'épreuve du feu pour le mériter. Quand les paroles ne suffisent plus à exprimer la force et la densité des pensées et des sentiments à l'être aimé, que dire alors des mots écrits ! Et je n'en ai que d'autant plus de scrupules à blesser, à faire des erreurs. Si c'est possible, j'aimerais que tu me dises si je fais bien et que tu m'en dises encore bien davantage ! J'en ai besoin ! Ce soir, je suis à Sarrebruck. Ma feuille de route est déjà arrivée. Le télégramme m'indiquant ma nouvelle affectation arrivera sans doute le 15 au plus tard. Alors je partirai immédiatement. Toutes mes affaires me suivront avec le bataillon de réserve. Voilà ce que je voulais encore te dire ! Ecris-moi si tu peux, si tu le veux, si tu le dois !

W.

Florilège étés

9 juin 1918

Dis-toi bien qu'aucune parole, aucune marque de tendresse ne sera jamais capable de te prouver tant d'Amour que j'ai pour toi. Tu es ma vie, tu es ma joie, tu as illuminé mes jours et tu les as remplis d'un parfum qui enivre, un parfum qui fait aimer la vie, qui la fait trouver belle, même quand les circonstances sont dures ou quand on se sent devenir misanthrope. Petite Aimée, tu es la compagne que j'avais toujours rêvé d'avoir pour traverser la vie et je t'Aime... Aimer c'est se donner corps et âme, c'est s'identifier à l'être aimé, c'est souffrir quand il souffre, c'est être joyeux quand il rit, aimer c'est aussi posséder, c'est aussi triompher de la joie de sentir un autre vibrer comme toi... Aimer... C'est tout ce qu'on peut s'imaginer de plus doux, de plus fort, de plus beau. C'est le sacrifice et la possession réciproque de deux êtres unis pour la vie... Ah, Chérie, dis-toi bien tout cela, et dis-toi bien que pour l'amour que j'ai pour toi, je me sens plus fort, je me sens meilleur et je me sens plus joyeux. Et puis je sais et je sens que tu m'aimes autant que je pouvais le désirer et tu as fait de moi un homme heureux et non pas heureux de ce bonheur béat et végétatif dont jouissent les moucherons et les tortues, mais du bonheur actif puissant, fort et doux que l'homme peut convoiter sur terre.

Ma petite femme de chair, toi dont les baisers me rendent fort, ma petite femme d'esprit, toi dont j'aime toute la grâce, la générosité et la bonté profonde, je t'Aime.... je t'Aime.

Je mords tes lèvres aimées et je bois dans ton baiser la force et le bonheur.

Georges PÉTIN

22 août 1914

Les Allemands nous répondent par un feu si intensif que trois hommes tombent ; comme il était impossible de bien voir et de tirer sur eux, nous battons en retraite à travers les balles qui tombaient comme de la grêle. Quelles terribles minutes j'ai passées ! Nous étions tous enfouis dans la terre, attendant d'une minute à l'autre celle qui nous atteindrait, et depuis quatre jours nous sommes toujours dans ces transes. La seule chose qui vous remonte dans ces moments est la religion ; et si par hasard j'avais été atteint, je serais mort en disant mon acte de contrition, combien en ai-je dits, je ne le sais au juste, mais en tout cas souvent, souvent, car d'une minute à l'autre la mort vous guette.

Gabriel DEMENTHON

1er juillet 1915

On est arrivés à se battre dans les tranchées non avec le fusil et la baïonnette, mais avec les outils portatifs : la pelle et la pioche jusqu'au couteau.

Je vous prie donc de m'adresser dans le plus court délai un couteau solide, puissant, avec un cran d'arrêt, ainsi qu'une chaîne pour l'attacher.

Emile SAUTOUR

Le 5 août 1915

J'ai toujours omis de vous dire que les Boches étaient ivres les 13 et 14 juillet ; leur élan était beau, mais il se brisait au bout de notre baïonnette. Comme des fous, ils avançaient sans se rendre compte du danger. Ce n'était plus les soldats qui se dissimulaient lors des premiers jours de la guerre, c'était des hommes qui marchaient en avant, offrant à nous tout leur buste. Et ce fut une supériorité écrasante sur eux. L'alcool qu'ils avaient absorbé devait renfermer certains produits car les morts étaient gonflés et noirs comme du charbon après être restés deux jours sur le terrain. Ce fait ne s'est point produit sur les nôtres. Ils venaient de Metz et ses soldats équipés de neuf avaient de dix-sept à vingt ans.

Emile SAUTOUR

A maman, 3 août 1914

Je n'ai jamais su, en réalité, à qui donner ce carnet. Trop intime pour s'adresser à quiconque de vivant ! Je n'ai pas osé, par crainte de ne pas me sentir assez pur, le dédier à Thérèse.

Aujourd'hui, deuxième jour de la mobilisation, je sens tout à coup qu'un seul être au monde y a droit, un seul être qui m'aime, plus que lui-même, que je sens, à travers les kilomètres et les hommes qui nous séparent, à celle par qui je vis, qui m'a donné la vie, à MAMAN !

Maurice MARÉCHAL

19 juillet 1915

Je ne suis plus qu'un squelette où la figure disparaît sous une couche de poussière mêlée à la barbe déjà longue. Je tiens debout comme on dit en langage vulgaire parce que c'est la mode.

Emile SAUTOUR

Chapitre 6

Dernier automne

Dernier automne. Vendanges tardives. Saison des fumures et des ultimes boucheries. Halte au feu ! Saison de la paix qui se déchaîne aussi soudainement que la guerre avait pu le faire quatre ans plus tôt. Saison finale. Saison des ruines que l'on déblaie. Saison des paysages torturés et des terres stérilisées. Saison des traces. Saison des dernières lettres, des lettres testament. Il faut se mettre en règle avec la mort. Il faut se mettre en règle avec la vie que l'on va quitter. Saison des conséquences. Repos des guerriers sans sommeil. Saison des cauchemars qui empoisonneront la paix. Saison des veuves de guerre, des orphelins, des pensionnés, des oubliés. Saison des disparus et des morts inconnus. Saison de la « victoire », de ses parades et de ses défilés. Saison de la grippe espagnole. Saison des futurs anciens combattants qui auront tant de mal à pouvoir se passer d'alcool. Saison du deuil et des rubans de crêpe noir. Saison des réparations, des prothèses et des appareillages. Saison des yeux qui n'osent pas regarder en face les gueules cassées, les borgnes, les infirmes, les grabataires, les culs-de-jatte, les manchots, les gazés, les trépanés, les boiteux, les unijambistes et les paralysés. Saison des invalides et des mutilés. Saison des prisonniers qui rentrent et de ceux qui ne rentrent pas. Saison des armées d'occupation. Saison de fermentation pour une guerre à venir qui verrait un jour, vingt ans plus tard, certains poilus de 14, survivants d'un premier enfer, rajouter une autre décoration à leurs médailles : une décoration trop grande et souvent mal cousue, en forme d'étoile jaune...

Henry Lange était le fils d'un homme d'affaires établi en région parisienne. Sa famille d'origine juive et alsacienne était établie à Neuilly depuis plusieurs générations. Il avait quitté le lycée Pasteur le jour de ses dix-sept ans pour s'engager, en 1915. Il avait l'habitude d'écrire souvent à sa sœur Hélène. Elevé dans une France encore divisée par l'affaire Dreyfus, Henry pensait qu'il avait une dette de bon Français envers le pays qu'il aimait. Il n'a donc cessé d'intervenir pour être toujours plus exposé. Il a été tué à la tête de sa section le 10 septembre 1918 à l'âge de vingt ans, le lendemain du jour où il écrivit cette lettre.

Dernière lettre à sa sœur :

9 septembre 1918
Mon Hélène Chérie

Après quatre ans d'angoisse, mêlée d'espérance, tu vois enfin apparaître les signes avant-coureurs de la félicité que tu as si bien méritée.
Et là-bas, à quelque mille mètres devant moi, sur ce chemin où passent peu de dames au milieu de la fumée des obus, se dessine l'aurore de la victoire. L'épreuve a été longue, mais nous en voyons la fin, sois heureuse, mon Hélène aimée.
Ta lettre m'est arrivée il y a plusieurs jours, qui me souhaitait beaucoup de satisfactions et de récompenses. Merci. Mais d'ores et déjà je me sens heureux d'avoir un peu, un tout petit peu, contribué à la victoire ; mon rêve se réalise. Hier soir, dans le quartier boche où, loin du front, nous nous reposons, mes hommes et moi, j'ai eu une bien grande joie ; mes poilus m'ont donné un « satisfecit » ; ils m'ont dit être contents de moi en termes profondément troublants qui – un peu plus – me laissaient venir les larmes aux yeux. Nous avons fait notre devoir ; mais j'ai été extrêmement circonspect, prudent, et j'ai la grande satisfaction de n'avoir pas de pertes, ou du moins si peu, si peu que cela compte à peine.
Maintenant je ne suis plus dans la bataille et je le regrette ; quelles sensations sublimes j'ai éprouvées en parcourant ce sol français reconquis derrière les Boches en fuite !
Ecris-moi de temps en temps : j'aime à te lire.

RIQUET

Orphelin, ancien élève du prytanée militaire, et fils d'une famille alsacienne vouée à la tradition militaire, le sergent René Duval appartenait au 9e zouaves. Il s'était engagé en maquillant ses papiers et commença à se battre dans la région de l'Yser et d'Arras alors qu'il n'avait que seize ans. Il fut cité à l'ordre de l'armée à dix-sept ans. Il écrivit cette lettre à son oncle Monseigneur Duval, alors aumônier de lycée, deux jours avant sa mort, alors qu'il venait d'être blessé le 3 octobre et il mourut le 5 octobre 1915.

Village nègre, le 4 octobre 1915

Mon cher Oncle,

Maintenant que je suis un peu reposé, je vais vous raconter en détail la bataille à laquelle je viens d'assister.

Nous partons, dans la nuit, des bois où nous campions et où nous étions la terreur des lapins, et nous arrivons à hauteur de l'artillerie lourde où commencent les boyaux. La canonnade est effroyable : on hurle à l'oreille de son voisin et il n'entend pas. La terre tremble. Des convois de blessés lamentables passent lentement. Puis des milliers de prisonniers boueux, terreux, affreux. Il y a de beaux gars et de vieux petits rabougris. Les vieux nous font pitié ; mais quand nous voyons passer un grand Prussien, à l'air insolent, nous lui faisons un croche-pied qui l'envoie rouler à six mètres et lui fait perdre son flegme. Nous continuons à avancer dans les boyaux, tout paraît bien organisé ; les obus arrivent sur des petits trains. La nuit arrive et nous nous couchons allongés dans le boyau, sur la terre. Il fait froid et pour comble de malheur il se met à pleuvoir. La terre crayeuse se met à fondre en ruisseaux blanchâtres et, au bout d'une heure, nous ne sommes plus que de pauvres loques boueuses et grelottantes. Enfin le jour morne commence à paraître. Nous continuons à avancer. Nous sommes maintenant à hauteur de l'artillerie légère du 75. Les avions survolent la plaine, les obus boches tombent de temps en temps à droite et à gauche. Le 75, rageur, hurle par rafales. Tout à coup une âcre odeur nous prend à la gorge, les yeux pleurent. Ce sont les gaz asphyxiants, vite on met le masque et les lunettes. Un quart d'heure d'angoisse. Les masques nous auront-ils protégés ? Enfin ça y est, les gaz sont passés... Toujours une vague odeur et les yeux qui pleurent, mais ce n'est rien. On reçoit l'ordre de se porter en avant. Les fantassins ont attaqué et progressé.

Nous les suivons. Nous rentrons dans les tranchées de première ligne française. Dans la tranchée, sur le parapet, dans les trous des fantassins gisent, le crâne ouvert, la poitrine trouée. Les hussards ont chargé, et dans le coin d'une tranchée un cheval est venu expirer ; ses yeux grands ouverts gardent une expression de terreur. Nous sortons de la tranchée et nous voici en rase campagne. Raymond conduit la compagnie. Je le vois en tête qui boite et j'ai peur pour lui. Je me dis que s'il est tué, je me fais tuer aussi. Nous sommes vus et les obus éclatent sur nous. Un mitrailleur et un téléphoniste sont réduits en bouillie. On voit dans la plaine les cadavres bleu ciel des petits hussards si mignons qu'on dirait des poupées. Des chevaux sans cavalier galopent éperdus dans la plaine hennissant à la mort. Je passe à côté d'un cheval qui achève de mourir. Un éclat d'obus lui a ouvert le ventre et ses tripes sortent ; il renâcle, les yeux révulsés. Plus loin des chevaux ont les jambes coupées. Il y en a de blessés qui essayent de se relever et qui retombent épuisés... L'artillerie légère vient prendre position au galop, les obus pleuvent, les attelages tombent. Un caisson explose. Ça ne fait rien, on dételle vite les pièces et à peine en position le 75 crache, crache à perdre haleine. Derrière, les attelages affolés se cabrent et bousculent les conducteurs. Nous sommes terrés au flanc d'un coteau. Plus loin, nos brancardiers installent un poste de secours, car les blessés arrivent nombreux. Enfin on progresse. Je suis à côté de l'adjudant. Nous rentrons dans les tranchées boches. Sur les fils de fer des cadavres de hussards et de chevaux. Les fantassins ont déjà passé là et de temps en temps un cadavre marque leur route. Nous apercevons enfin les premiers cadavres boches. Le premier est un grand et jeune gars. Sa tête, au profil d'aigle a gardé une expression d'énergie et de volonté. Ses mains sont crispées sur sa poitrine. On marche sur les cadavres boches. A droite et à gauche : des abris où les Boches ont été tués à coups de grenades et de couteau. Ils ont tous des poses naturelles. L'un écrit sur ses genoux. L'autre a un colis ouvert devant lui et une tartine de beurre à la main. La mort les a surpris sans qu'ils s'en doutent. Nous avançons derrière la crête et nous nous arrêtons un peu en arrière. Les Boches sont à cinq cents mètres de l'autre côté. Nous voyons revenir les fantassins ; les obus tombent et en tuent beaucoup. Un jeune aspirant est tué au moment où il sautait à côté de moi dans la tranchée. Son sang coule sur moi, je suis tout rouge. Les abris sont pleins de blessés. Nous attendons notre tour d'attaquer et nous mangeons du singe. Les fantassins blessés nous racontent en passant leurs impressions. Tout d'un coup, rrran... an... Je suis jeté à terre, bousculé, couvert de terre. Un obus vient d'éclater sur le parapet au-dessus de moi. Je crois d'abord être mort ; puis je me tâte et me crois indemne. Mais je sens le sang chaud qui coule sur ma face. Je lève mon casque ; j'ai un trou à la tête, à côté de moi un Zouave a été tué et six blessés. J'ai aussi des éclats d'obus à la main. Mon adjudant m'appelle, vite, me fait un pansement et me dit : « Va-t'en vite à l'hôpital voir Madame la France tu seras heureux », mais je préfère rester là et je m'assois à côté de Raymond que ma blessure a tout bouleversé. La compagnie en avant de nous se déploie en tirailleurs sur la crête et part à l'assaut. Nous les voyons tomber comme des mouches. Ce sont nos amis. Leur capitaine est tué ainsi que de nombreux gradés. Ils disparaissent de l'autre côté de la crête vers l'ennemi et nous ne savons plus ce qu'ils deviennent. La nuit descend, nous devons coucher là. Raymond me fait entrer dans un abri et se met à causer à la porte avec mon adjudant et plusieurs Zouaves. Tout à coup, vlan... ! un obus arrive, Raymond dégringole sur moi tête la première. L'adjudant a le bras arraché, un Zouave a le crâne ouvert, un autre le dos défoncé, un autre la gorge touchée. L'adjudant part en me disant : « Venez avec moi, nous serons heureux. » Raymond est simplement contusionné. Nous dormons accroupis, abrutis, vannés. Au petit jour nous faisons plusieurs exercices pendant lesquels un homme de mon escouade est blessé, plusieurs autres sont tués. Enfin, on nous met dans un boyau effroyablement marmité. Les mitrailleurs à côté de nous perdent vingt-cinq hommes sur trente. Un brancardier a la boîte crânienne enlevée, c'est affreux, caisses de cartouches, mitrailleuses, cadavres gisent pêle-mêle. Tout à coup un affolement, on crie « en arrière vite, nous sommes pris » et on nous bouscule. Les Zouaves, croyant que c'étaient les Boches, sortent de la tranchée et nous nous déployons en tirailleurs pour leur faire face. Mais ce n'était pas vrai. Les balles pleuvent. Quatre hommes de mon escouade sont touchés. Voyant ça, nous sommes retournés dans notre petite tranchée où j'ai trouvé Raymond. On a un peu réorganisé la compagnie et nous avons attendu. Devant nous, c'est la rase campagne : une plaine morne coupée de petits bois de sapins. Les balles sifflent. Le commandant et le colonel sont tués. Nous attendons la nuit dans nos trous. La nuit est venue. Raymond dit « en avant ! » et nous sortons de la tranchée vers les Boches. L'herbe mouillée sent bon, la lune est demi voilée par des nuages. De temps en temps je trébuche dans des trous d'obus. Il fait bon marcher à l'ennemi ainsi, franchement, sans se terrer dans des tranchées boueuses. De temps à autre, d'une tranchée hâtivement construite, les Boches lancent des fusées pour voir ce que nous faisons ; quand la fusée part, nous nous terrons et, la fusée éteinte, nous reprenons notre marche. Tout à coup une violente décharge. Les deux hommes qui étaient à côté de moi tombent en hurlant. La tranchée est devant nous hérissée de fils de fer. Nous nous couchons et nous commençons à creuser des trous pour nous abriter face à la tranchée ennemie. Derrière moi un homme de mon escouade a les cuisses brisées par une balle. Il me demande à boire. Je me lève et lui donne à boire et lui serre les cuisses pour arrêter l'hémorragie. Mais il se met à crier et une violente décharge passe auprès de moi. Voyant cela, je me remets à creuser mon trou avec acharnement. Le bandage de ma blessure s'est enlevé et mon casque frotte douloureusement sur ma blessure. J'ai la fièvre, mais je creuse quand même avec rage. J'entends Kimnow, mon blessé qui crie : « Mon caporal, mon caporal, emportez-moi, pour ma femme, pour mes enfants, je vous en supplie. » Je me lève et le mets sur mon dos, mais la douleur le fait crier et une balle ricoche sur mon casque. Il sera impossible de l'emporter. Je lui fais un abri avec des sacs et en attendant les brancardiers, je me remets à creuser mon trou avec fièvre. Un bruit – tac – Bicelder qui travaillait à côté de moi est tué d'une balle en pleine tête et le sang coule dans mon trou. Une balle ricoche sur mon casque. (Le casque est réellement précieux, le mien, troué et bosselé, est un vieux camarade.) Ma blessure me fait souffrir et je suis épuisé. Un camarade me passe un bidon d'eau-de-vie ; j'en bois au moins un demi-litre et me remets à piocher avec acharnement. Les brancardiers viennent et emportent Kimnow. Raymond est derrière moi et, avec plusieurs Zouaves, creuse le poste de commandement. Je me donne un coup de pioche sur la main. Je suis épuisé, je m'endors de fatigue dans mon trou. Quand je me réveille le jour est là. Impossible de lever la tête ou les jambes car les Boches nous guettent. On est accroupi, plié en six et on souffre atrocement de la faim et de la soif. Vers midi, Delamare lève un peu la tête – tac – il reçoit une balle dans la tête. Il retombe sur moi. Je lui fais un pansement et pendant deux heures il agonise, criant : « Brancardiers, brancardiers... au revoir... je meurs. » Tout d'un coup il a des coliques, les excréments se mêlent à son sang. C'est horrible. Je vomis tellement ça sent mauvais. Et toute la journée, je dois rester ainsi dans une mare de sang. Tantôt c'est à droite, tantôt c'est à gauche qu'un camarade est tué. Enfin la nuit arrive, on réunit nos trous et on les approfondit. Les pertes continuent, il n'y a presque plus de gradés. On demande des volontaires pour aller explorer le fortin boche qui est devant nous. J'y vais avec un sergent et un autre caporal. Nous rampons d'un trou d'obus à l'autre. Nous voici dans les fils de fer boches à six mètres de leur tranchée. Je me glisse sous les fils sans bruit. On entend les Boches piocher, scier, causer. Tout à coup le Zouave qui est à côté de moi se met à ramper rapidement en arrière. Je lui demande ce qu'il y a. Il me dit : « Un Boche ! là, devant toi ! » A ce moment une fusée lumineuse part et j'aperçois effectivement à six mètres devant moi une sentinelle boche, avec le petit béret qui observait. Elle ne m'a pas vu. Je me tapis dans l'herbe et quand, la fusée éteinte, la nuit fut revenue je rampai rapidement en arrière. Je ne l'ai pas tuée, en effet, car sans cela j'aurais donné l'éveil aux Boches de la tranchée qui m'auraient zigouillé. Nous avons passé encore six jours de souffrances dans la petite tranchée sous un feu effroyable, perdant du monde en masse. C'est là que j'ai été nommé sergent. Enfin on nous a relevés. Nous sommes restés un jour dans le fortin de Beauséjour où Raymond a ramassé des souvenirs boches car les souterrains étaient pleins de cadavres. Maintenant nous sommes au village nègre, à un kilomètre en arrière, nous remontons ce soir.

Je suis sergent et cité à l'ordre du jour. Je vais avoir la croix de guerre, aussi vous pensez si je suis heureux.

René DUVAL

Julien Christol avait vingt-deux ans en 1914...

Saint-Denis, le 15 octobre 1914,

Cher papa, Chère maman

Avant de quitter Saint-Denis pour les lignes de feu, je tiens à vous dire mes dernières volontés.

C'est avec conscience et en toute connaissance de cause que j'ai demandé à partir.

J'ai voulu rester digne du nom de Christol. C'est le seul et le plus bel héritage que vous puissiez nous transmettre. Vous nous avez toujours dit que nous devions accomplir notre devoir entièrement malgré tous les sacrifices qu'il comporte ; le moment est venu, il faut chasser les barbares, les massacreurs de femmes et d'enfants, ceux qui ont détruit l'héritage artistique de nos aïeux et qui ont voulu rabaisser l'homme au niveau des sauvages ; il faut chasser tout cela de notre belle France, et pas un Français n'est de trop.

Tous nous devons avec résignation donner notre vie à la Patrie tels les Anciens et nos aïeux de 89, restons dignes d'eux.

Je pars avec votre bénédiction.

Vous êtes tous deux résignés et prêts au dernier sacrifice.

Quand vous ouvrirez la présente, je ne serai plus, mais je resterai au fond de vos tendres cœurs. Vous n'aurez pas à rougir de vos pauvres fils et vous pourrez parler d'eux avec fierté.

Je n'ai rien à léguer, vous le savez.

Je voudrais que de temps en temps vous parliez de moi à mes petits neveux, à Pierre surtout, il fut une de mes dernières joies à Saint-Denis.

Je voudrais surtout, et je sais que vous le ferez, que vous consoliez ma chère Andrée. J'ai brisé sa vie en voulant la rendre heureuse. Nous faisions un rêve trop beau tous les deux, les circonstances l'ont changé.

Je sais, mon cher papa, que tu remplaceras le père qu'elle a perdu. Je voudrais aussi, si elle y consent, et si vous faites des lettres de faire-part, qu'elle figure sur elles. Son amour fut grand et mérite d'être récompensé. Nos âmes et nos cœurs ne faisaient qu'un, nos pensées étaient les mêmes. Il ne manquait que la consécration de notre union.

Voici à peu près tous mes désirs et je souhaite de tout mon cœur que vous ne lisiez jamais cette lettre.

Recevez mes plus affectueux baisers. Vous avez toujours été bons pour nous ; il a fallu qu'une guerre barbare détruise la douce maison de la Varenne où j'ai passé de si doux moments près de vous et de la famille. L'homme propose, Dieu dispose. Adieu, j'aurais aimé vous rendre la vie heureuse que vous avez faite à tous, mais hélas ayez du courage, c'est pour la France et la Justice que votre Julien est mort.
Adieu.

Julien CHRISTOL

Jacques Georges Marie Froissart avait dix-sept ans en 1914. Fils d'un avocat parisien, et engagé volontaire à la fin du mois d'avril 1916, il fut d'abord téléphoniste puis aspirant dans l'artillerie au 217e RKAC. Jacques tomba le 14 septembre 1918 d'un éclat d'obus reçu en plein cœur.

Mes chers parents,

Lorsque vous lirez cette lettre, Dieu m'aura fait l'honneur de m'accorder la sacrée mort que je pouvais souhaiter, celle du soldat et du chrétien.

Que ce soit sur un champ de bataille ou dans un lit d'hôpital, je l'accepte comme dès le premier jour où je voulus m'engager. J'en accepte l'idée sans regrets et sans tristesse. Je ne peux pas vous dire de ne pas me pleurer car je sais la douleur que vous causera ma disparition mais ne regardez point la terre qui me recouvrira. Levez les yeux vers le ciel où Dieu me jugera et me donnera la place que j'aurai méritée.

Priez pour moi, car j'ai été loin d'être parfait. D'où je serai, près des chers morts que j'aurai été rejoindre, je ne vous oublierai pas.

C'est vous qui m'avez fait ce que je suis devenu ; que cette idée vous console et qu'elle vous encourage à faire de celle que vous m'aviez donné mission de garder et de protéger à vos côtés une femme qui soit digne d'être votre fille. Lorsque je ne serai plus là, qu'elle sache combien je l'ai aimée. Parlez-lui quelquefois de moi.

J'avais l'ambition d'accomplir dans la vie une mission que je m'étais tracée, celle d'être le guide, le flambeau dont a parlé Claude Bernard, celui qui peut être fier d'avoir vécu pour les autres en leur enseignant les principes droits par la parole et par la plume. Je voulais écrire parce que c'était à mes yeux la plus noble profession et je voulais vivre pour suivre la voie que ma conscience m'indiquait, mais, vous avez le droit de le savoir, d'autres étaient plus utiles que moi, soit que chef de famille ils eussent déjà créé alors que je n'étais que le futur, soit que ministres du Christ, ils fussent appelés à façonner des hommes, à créer des Français et des Chrétiens. Pour eux, j'ai offert à Dieu le Sacrifice de ma vie. J'ai chaque soir prié pour que la mort les épargne en me frappant, et mourir pour eux est presque trop beau pour moi puisque j'ai conscience de ne les valoir pas.

Jacques FROISSART

François Regat est mort le 29 janvier 1915 dans la Somme, à l'âge de trente-sept ans, le jour de la Saint-François.

7 janvier 1915

Ma chère Marie, je t'ajoute encore ceci en cas d'accident, que je ne puisse pas retourner chez nous ; je te nomme toutes les choses ou objets qui sont restés chez moi, c'est-à-dire chez mon frère Casimir à la maison, pour que tu puisses y réclamer en cas que je ne puisse le faire moi-même.

Ce sera toujours ton intérêt et celui des enfants ; voici les noms :

2 garde-robes et leur contenu
1 pressoir à tome
le gros et le petit horloge
3 bombonnes dont une avec huit litres d'eau-de-vie de lie dedans
une autre avec prune, 1 litre environ
40 litres de navets dans un sac
6 bênons
1 gros bênon contenant un quart....
3 gros tonneaux
une mâconnaise
un petit tonneau et le vinaigre s'il est bon

au fond de la remise à Jean-Marie, il y a une cave où il y
a un tonneau de 400 litres environ avec du vin dedans
tu regarderas à la maison d'en bas sous la remise, 2 échelles
à foin, timon longes, presse à..., de la paille
fenil : un certain nombre de planches-sapin avec une ou
deux belles planches en noyer
paille de toit à la chambre
le garde-manger et son contenu
beaucoup de fer à forger
des ferrures complètes d'une paire de jougs
beaucoup de bois de travail
les vieux bras du char à bancs
un grand cuvier à lessive avec son couvert et sa chaise
un saloir en chêne avec son couvert aussi et une chaise à
s'asseoir neuve au grenier
Je crois que c'est tout ; au cas tu pourrais lui demander
s'il ne reste rien
Ton François qui t'aime pour la vie.

François REGAT

Le sous-lieutenant Jean-Louis Cros était originaire de Rieucros dans l'Ariège. Il était fils de commerçants et receveur des postes. Sa femme Lucie lui avait donné trois filles dont deux allaient mourir très jeunes de la tuberculose après la guerre. Cros fut blessé le 16 avril 1917 par un éclat d'obus. Il eut la cuisse broyée et se réfugia dans un trou d'obus. Là, il commença à écrire une carte à sa famille. Mais il mourut, sans doute victime d'une hémorragie, alors qu'il allait en rédiger l'adresse après l'avoir signée. Ses camarades venus un peu plus tard pour le secourir retrouvèrent cette carte entre ses mains et la renvoyèrent à sa famille avec ses papiers militaires.

16 avril 1917

Chère femme et chers parents et chers tous

Je suis bien blessé. Espérons que ça ne sera rien. Elève bien les enfants, chère Lucie. Léopold t'aidera si je ne m'en sortais pas. J'ai une cuisse broyée et suis seul dans un trou d'obus. Je pense qu'on viendra bientôt me sortir. Ma dernière pensée va vers vous.

Léon-Auguste Guirande est né le 27 juin 1892 à Laguenne (Corrèze). Comme beaucoup d'instituteurs, il avait le grade d'aspirant. Il appartenait au 782e régiment d'infanterie et fut tué au combat le 13 avril 1915 à Flirey (Meurthe-et-Moselle).

Ce 12 avril 1915

Mes chers parents

Si cette lettre vous parvient ça sera que je serai foutu. Je vous prie de ne pas trop vous chagriner. Efforcez-vous de vivre avec mon souvenir et que mon image vous soutienne jusqu'au bout. Je serai allé rejoindre un peu avant vous le pays où l'on n'existe qu'à l'état de souvenir. Efforcez-vous d'entretenir dans ces pensées Emile : qu'il ne m'oublie pas et je désire qu'il soit fier de moi.
Mettez-le au lycée dans une classe de sciences et qu'il fonde une famille afin de conserver notre nom, notre sang et notre souvenir.
Et Dieu mes chers parents, soyez bénis. Je vous ai bien aimés beaucoup beaucoup.

Henri-Alban Fournier, dit « Alain-Fournier », allait avoir vingt-huit ans lorsqu'il écrivit ces lignes à Pauline Le Bargy plus connue sous le nom de Mme Simone. Pauline fut le dernier amour de Fournier : il aurait dû l'épouser au terme de la guerre. Mais Fournier voulait d'abord faire tout son devoir. Le jeune auteur du Grand Meaulnes *qui avait frôlé le Goncourt en 1913 avait refusé toutes les protections qui lui étaient généreusement proposées. Il sera tué le 18 septembre 1914 dans le petit bois de Saint-Rémy-la-Calonne.*

20 août 1914

Ma bien-aimée,
Je t'aime. Je suis à toi
pour éternellement, ton Henri.

Mon amour, j'ai pris pour la première fois la capote ce soir. Je suis furieux. J'ai l'air d'un collégien à qui on ne permet pas de porter les cheveux longs. Il y a une vieille femme qui me poursuivait ce soir pour me dire : *Vous avez beau être jeune, vous savez bien les commander.* Car je commande toujours, tu sais, avec ma voix et ma figure dures que tu n'aimes pas, mon amour, mon ange, mon petit, ma femme, ma Pauline, ma beauté chérie, mon adoration. [...]

Je te supplie, je te supplie de faire faire ton portrait, si cela est possible, par n'importe qui, par un marchand de cartes à cinq sous s'il en reste encore. Mais je te supplie de me donner ce bonheur. Pense qu'il y a eu des portraits de toi dans des centaines de revues et que je n'ai même pas sur un de ces bouts de pages coupé avec des ciseaux cette figure d'ange auprès de laquelle il n'y a pas de beauté, cette figure que j'ai embrassée, baisée, serrée dans mes mains, battue, secouée, caressée, adorée, possédée.
Je suis fatigué. Je suis à la caserne et non pas à la guerre. Je ne vois plus rien qui ait le goût de la guerre. J'ai un capitaine vachard, baderne et ennuyeux à pleurer. Il me semble auprès de lui que j'ai quinze ans de service et que je suis fatigué du métier. [...]
Chérie, ma fille, ma beauté, ma fiancée, mon amour, quand je n'en puis plus de regret, de peine de ne plus t'avoir, je relis tes lettres. Je retrouve dans ces pages bleues toute la confiance, toute l'ardeur qu'il faut. J'ai peur que ce que tu as vu à Auch (les discours ratés, la présentation au drapeau mal organisée, les hommes qui rigolent, cette atmosphère de caserne) ne t'ait enlevé cette flamme, cet esprit de sacrifice, ce désir sacré de la victoire. Amour, il faut que tu ne cesses pas de croire ardemment à ce que nous faisons. Songe que nous marchons dès avant l'aube, que nous marchons des jours entiers sans savoir où nous allons, que nous attendons dans des cours de ferme des heures et des heures sans savoir pourquoi, songe à toute la patience, à toute la religion qu'il nous faut pour résister à ce chagrin d'avoir perdu ce que l'on aime. Songe que nous serons peut-être bientôt couchés dans des tranchées dans l'eau et le froid et la boue, sous le feu. Il ne faut rien nous dire, il ne faut rien penser qui nous enlève un peu de foi et nous coupe les jambes. C'est de toi que j'attends toute ma force, toute ma vertu, toute mon audace, tout mon mépris de la mort.

[...] Ton enfant,
Henri

Marius Saucaz appartenait à une vieille famille lyonnaise émigrée en Tunisie puis au Maroc. Son père était entrepreneur de travaux publics. Marius avait un vingtaine d'années en 1914 et s'engagea pour aller faire son devoir sur le sol de ses racines. Il était aspirant au 1er tirailleur marocain. Il fut tué le 30 septembre 1918 dans la région de Reims.

27 septembre 1918

Cher Papa,

[...]

Si je dois tomber au cours d'une attaque prochaine, ne me pleure pas, cher papa, c'est bien inutile. Je n'aurai fait que juste ce que le devoir commandait et je serai tombé comme tant d'autres pour une belle idée, un grand idéal. C'est une mort utile et heureuse que celle-là.

Je suis fier d'être ton fils et d'avoir hérité de tes solides qualités morales qui sont à la souche de notre famille. Je te suis infiniment reconnaissant de l'éducation solide que tu m'as fait donner. Cela m'a permis de distinguer dans la vie les grandes et belles choses des idées et sentiments frivoles. Je suis fier d'être ton fils et je veux te le dire aujourd'hui car qui sait ce que nous réserve l'avenir, et je te jure d'être digne de notre Maison l'heure de l'attaque venue.

Je t'aime plus que je ne te l'ai jamais montré ainsi que Pierre. Gros baisers à tous deux de celui qui vous aime.

Marius

Achille Marius Maillet avait vingt-cinq ans en 1914. Né à Lodève, il était le fils d'ouvriers du textile. Il était cuisinier, comme son frère tué sur le front au début de la guerre, et ne cessait d'écrire à sa femme Maria. Bien après la guerre, Achille devint restaurateur à Montpellier.

Le 11 novembre 1918

11 heures du matin

11e compagnie

Ma chère bien-aimée pour la vie,

Tout est fini ; la paix est signée – on ne tue plus – le clairon sonne le cessez-le-feu. Je suis à Omont dans les Ardennes. Je pars à l'instant pour la frontière. Tant fait plus. Je suis

maintenant hors de danger. Ne peux écrire plus longuement aujourd'hui.
Meilleure douce caresse à vous tous. A toi bon baiser et à bientôt.

Marius

Charles-René Menard était un architecte nantais. Il avait quarante-deux ans au moment de l'armistice. De santé fragile et père de trois filles, il avait été mobilisé en 1914 dans le service auxiliaire mais n'avait pas été envoyé sur le front. Lorsqu'il écrit cette lettre à son épouse et à ses trois filles, celles-ci se remettent difficilement des suites de la grippe espagnole qui avait bien failli les emporter, dans leur maison de campagne de Saint-Brévin-les-Pins. René perdit pendant la guerre ses deux frères François et Thomas-Louis, ainsi que son beau-frère Jean.

Nantes, le 11 novembre 1918
Chefferie de Nantes
L'Officier du Génie Menard

à Madame Sa Femme

Ma chérie,

Que n'ai-je été aujourd'hui près de toi, avec nos chers enfants ?
C'est dans un petit village breton, Saint-Vincent que j'ai vu le visage de la France en joie. J'étais parti de Nantes à 9 heures. On y disait que l'armistice était signé. Mais depuis trois jours ce bruit courait sans cesse, et sans cesse il était affirmé plus certainement ; et les cloches restaient muettes, il fallait attendre une confirmation officielle. Aussi la ville, ce matin, avait-elle repris son calme, les drapeaux seulement flottaient plus nombreux, et les illuminations préparées pour la veille au soir se résignaient à attendre encore douze heures.
10 heures : Savenay est calme et pourtant plusieurs initiés savent déjà la nouvelle. 10 h 30 : Pontchâteau est calme. C'est jour de marché, il y a un semblant de foule autour de la mairie, mais c'est pour l'audience de la justice de paix. Saint-Gildas-des-Bois, après Drefféac, Fégréac et Saint-Nicolas sont calmes.
11 h 30 : Redon : une grande animation, mais c'est la foire, la foire châtaignonne : on achète, on vend, des châtaignes

et des cochons. Des drapeaux, mais pas de bruit : midi sonne, l'Angélus, trois tintements triples, le branle, le branle de chaque jour.
Il faut attendre. Mais qu'attend-on ? Pourquoi attend-on ? Impossible de croire sans arrière-pensée aux retards du courrier qui est parti pour Spa, aux suggestions d'une prorogation de délai.
La route de Malestroit, la traversée du vallon inondé et encore embrumé malgré le soleil qui brille depuis deux heures. Des villages sales, humbles et tranquilles, la lande, de vieux moulins. A quoi pensons-nous tous ? Au paysage mélancolique et charmant, à la guerre, à la paix ? Nous passons sans y prendre garde la route à gauche qu'il nous faut prendre, et nous voici dans un village. A droite la mairie, pavoisée, au fond l'église pavoisée, mais dans le halètement du moteur qui s'arrête... les cloches, les cloches à toute volée et, sortant de l'église, une troupe d'enfants : soixante, peut-être cent petits enfants de France, la classe 30 de Saint-Vincent, en Morbihan, drapeaux en tête, avec le curé en serre-file qui les pousse et les excite, et des gens qui font des grands gestes. Vite hors de la voiture, et les hommes et les femmes qui sont les plus près se précipitent vers nous. Il n'est besoin d'aucune explication.
Seulement un homme et des femmes nous disent en pleurant qu'ils sont des réfugiés de Ram... Ils n'ont qu'un mot : Ah ! les cochons ! Mais nous les comprenons. Ils revoient leur pays détruit, ils repensent à leur martyre de trois ans et plus, à leur exil, à leur retour.
Accolade au curé dont la main tremblante tient la dépêche jaune : « L'armistice est signé. Les hostilités cessent aujourd'hui à 11 heures. Je compte sur vous pour faire sonner les cloches. » Poignées de main au maire, M. de Piogé, à un autre notable dont la femme, morte récemment, a donné cette cloche qui sonne si joyeusement. Nos alliés sont acclamés ; on crie : « Vive la France et vive l'Amérique ! Vive Foch, vive Joffre ! » On remercie Dieu et le poilu ; et le curé montre son grand drapeau du Sacré-Cœur qui flotte triomphant sur le parvis de son église. Chacun pense à ceux des siens dont le sacrifice a gagné cette heure. Les larmes coulent sans qu'on cherche à les cacher, mais les visages rient : le visage de la France est joyeux.
Je voudrais voler vers toi, les enfants, ta mère et tous. Je pense à Jules dont j'ai reçu hier soir une carte. Je pense à

François et à tes frères qui sont sains et saufs. Et je me réjouis, puisque je n'étais pas auprès de toi en ce moment unique, d'avoir du moins vécu cette heure dans un petit village breton, simple, sincère, humble, plutôt que dans une ville en délire.

Et maintenant, partout, les cloches nous accompagnent. A Saint-Jacut, où nous sommes admirablement reçus par M. et Mme de Verchère, leurs filles et leurs petits-enfants. Mais que dire à cette jeune veuve dont le mari, mort à Salonique, n'a pas connu le petit garçon, l'espoir de la maison ?

Allaire : les cloches encore – et tous ces gens qui reviennent de la foire de Redon avec leurs voitures pavoisées de drapeaux français et américains.

Redon, c'est déjà la foule, la joie plus bruyante.

Avessac : les cloches encore. Nous sablons le champagne à La Châtaigneraie.

Plessé : les cloches, toujours, et le tambour, et déjà des illuminations – et puis le grand calme de la forêt du Gâvre, puis le village de Gâvre, illuminé et silencieux. Blain, plus tumultueux, l'église se remplit.

Bouvron, c'est tout pareil, et Savenay : tous les Alliés dans les rues ; la gare enfin où je t'écris. Un train militaire part. Des soldats américains s'en vont vers le front. Mais quels cris de joie ! "Finische" la Guerre.

Il y en a un qui veut absolument m'embrasser en anglais. Il est un peu ivre.

[*Bord de page déchiré*]... où tu ne seras pas hélas. Mais il m'est impossible d'aller à Saint-Brévin ce soir ; et c'est de loin que je t'embrasse... [*bord de page déchiré, signature disparue*].

Elise Bidet était la fille d'une famille de vignerons établie à Jussy, dans l'Yonne. Ses deux oncles avaient été tués au front en octobre et décembre 1914. Elle écrivait souvent à ses parents et à son frère, le poilu Edmond Massé que la guerre venait d'épargner. Le fils d'Edmond, son neveu, le petit Jeannot auquel elle fait allusion, sera tué sous l'uniforme français en 1940.

Mercredi 13 novembre 1918

Mon cher Edmond,

Enfin, c'est fini. On ne se bat plus ! On ne peut pas le croire, et pourtant c'est vrai ! C'est la victoire comme on

ne l'espérait pas au mois de juin dernier, et même au 15 juillet ! Qui aurait osé espérer à cette époque une victoire aussi complète ! Et en si peu de temps, pas quatre mois ; c'est merveilleux ! Je ne sais pas comment vous avez fêté l'armistice à Jussy, et comment et quand l'heureuse nouvelle vous a été annoncée.
Je disais à Maurice que c'était la foire à Auxerre et que Edmond y était, sans doute qu'il l'aura su plus tôt. Il m'a répondu : Pourvu qu'il n'ait pas trop fêté la victoire et qu'il ait pu revenir d'Auxerre ! Tu vois l'opinion que ton cher neveu a de toi, mon cher Edmond ! Mais ne te fâche pas ! C'est pardonnable à un poilu de se saouler ce jour-là !
Ici, à Paris, on l'a su à 11 heures par le canon et les cloches ; aussitôt tout le monde a eu congé partout ; aussitôt les rues étaient noires de monde.
Toutes les fenêtres pavoisées, jamais je n'ai tant vu de drapeaux et de toutes les couleurs alliées, le coup d'œil est magnifique.
Tout le monde a sa cocarde, les femmes des rubans tricolores dans les cheveux ; tous les ateliers en bande, hommes et femmes bras dessus bras dessous, drapeaux en tête, parcouraient en chantant les boulevards et les grandes avenues. Les camions automobiles des usines étaient montés par les ouvriers et ouvrières chantant et acclamant.
Et les Américains juchés sur leurs camions n'ont pas cessé de parcourir la ville, montant tous ceux qui voulaient monter vers eux, mais surtout les jeunes filles, ça se comprend. Quelles ovations sur leur passage ! Et les quelques poilus en perme, quelle fête on leur faisait aussi ! Jamais je n'ai tant vu de monde. Tout était permis, aucun sergent de ville, aucun service d'ordre. Toute liberté était laissée au peuple en délire. Les Américains embrassaient les femmes dans les rues.
Mais quel beau spectacle place de la Concorde depuis un mois ! Déjà elle était parée pour la circonstance, garnie de canons, d'avions, de mitrailleuses, de tanks, de saucisses, de montagnes de casques boches, tout cela pris aux Boches. Des gamins ou jeunes gens, des jeunes filles, montaient sur les canons ou les traînaient partout ; on en a retrouvé jusqu'à Montmartre.
Et cette vie a duré lundi après midi et mardi toute la journée. On a promené des prisonniers boches en voiture fermée pour leur faire voir la joie des Parisiens.
Lundi soir, Maurice a voulu aller au cinéma pour entendre

chanter *La Marseillaise.* Nous avons été à Gaumont ; c'était impressionnant quand un poilu est venu sur la scène enveloppé dans les plis d'un drapeau chanter *La Marseillaise,* et tous les assistants debout l'accompagnant.

Tout cela, c'est bien beau et combien de cœurs en joie, mais aussi combien d'autres pleurent les leurs qui ne voient pas ce beau jour. Mais que leur chagrin aurait été encore plus grand si la mort des leurs n'eût servi à rien !

Hier nous avons été voir Augustine, pensant qu'elle aurait pu venir avec nous faire un tour mais elle et ses pareilles n'avaient pas congé, et pourtant c'était fête pour tout le monde mais les riches ne s'occupent pas de cela !

Tu vois, maman, que j'avais raison quand je te disais d'espérer, que tu ne voulais pas croire que nous aurions le dessus ; t'es-tu disputée des fois pour cela, et madame Veyret aussi, que nous nous sommes presque fâchées bien des fois ! Quel malheur qu'elle ne soit plus là pour voir cela !

J'avoue que j'ai désespéré bien des fois aussi en dernier ; nous avions eu tant de désillusions. Tout de même, quel honneur pour Foch et Clemenceau ! on les porte en triomphe et c'est mérité. Et toi, Jeanne, ta joie doit être grande aussi, mais pas sans une ombre. Tu dois avoir aussi gros au cœur de penser que tes deux frères ne verront pas un si beau jour, eux qui y ont si bien contribué ; mais qui sait s'ils ne le voient pas !

Je comprends la peine que tes parents doivent ressentir en pensant à vos chers disparus et surtout quand les autres rentreront. Il n'y a pas de joie sans douleur ; dis-leur bien que je prends d'autant part à leur peine que je la ressens moi-même. Maurice et moi avons tant prié et vous aussi sans doute que Edmond nous revienne sain et sauf ; nous avons été exaucés ; remercions Dieu. Quand rentre-t-il à Lyon et pour combien de temps ? Quand sera-t-il libéré. Les pourparlers de paix vont-ils durer longtemps ? peut-être jusqu'au printemps ? Enfin, le principal, c'est qu'on ne se batte plus. Merci à maman de sa lettre. Je croyais qu'elle ne voulait plus nous écrire ! J'ai reçu les pommes de terre, merci !

Comment a-t-on fêté l'armistice à Jussy, et la grippe est-elle arrêtée ?

Jeannot comprend-il, le cher petit, le cher événement qui vient de se produire ? j'en doute : espérons qu'il ne le comprendra jamais.

Quelle journée inoubliable et qu'est-ce que ce sera lorsque les troupes défileront sous l'arc de triomphe !
Sois heureuse, maman, ton fils te sera rendu ; tu seras récompensée de ses peines.
Bien joyeux baisers de nous deux à tous les quatre.

Eugène Poézévara avait dix-huit ans en 1914. Il écrivait souvent à ses parents, des Bretons qui habitaient Mantes-la-Jolie. Eugène a été gazé sur le front, et il est mort d'épuisement dans les années 20.

Le 13 novembre 1918

Les dernières quarante-huit heures.

Chers parents

Cette fois je vous écris en plus grand. Nous avons été relevés hier après midi du contact avec les Boches. Les dernières quarante-huit heures ont été terribles.
Le 9 à 10 heures du matin on faisait une attaque terrible dans la plaine de la Woëvre. Nous y laissons les trois quarts de la compagnie, il nous est impossible de nous replier sur nos lignes ; nous restons dans l'eau trente-six heures sans pouvoir lever la tête ; dans la nuit du 10, nous reculons à 1 km de Dieppe ; nous passons la dernière nuit de guerre le matin au petit jour puisque le reste de nous autres est évacué ; on ne peut plus se tenir sur les jambes ; j'ai le pied gauche noir comme du charbon et tout le corps tout violet ; il est grand temps qu'il vienne une décision, ou tout le monde reste dans les marais, les brancardiers ne pouvant plus marcher car le Boche tire toujours ; la plaine est plate comme un billard.
A 9 heures du matin le 11, on vient nous avertir que tout est signé et que cela finit à 11 heures, deux heures qui parurent durer des jours entiers.
Enfin, 11 heures arrivent ; d'un seul coup, tout s'arrête, c'est incroyable.
Nous attendons 2 heures ; tout est bien fini ; alors la triste corvée commence, d'aller chercher les camarades qui [y] sont restés. Le soir arrive, il nous faut rester là, mais on allume un grand feu et les rescapés se rassemblent ; tout le monde est content mais triste : la mort plane encore dans l'air. Le 12, nous sommes relevés à 2 heures et c'est fini.

Eugène

Florilège

Septembre 1915

Si je viens à mourir, voilà ce que tu feras.

D'abord, tu auras et conserveras beaucoup de calme, tu garderas ton sang-froid et tu ne t'en iras pas dans les rues en criant ton désespoir ; ta douleur sera calme et digne.

Rodolphe WURTZ

Le 24 septembre 1915

Chers cousins et cousines,

Ne voulant pas écrire à chez nous ce que je veux vous dire, vous m'excuserez d'avoir recours à vous. C'est peut-être la dernière lettre que j'écris, car dans une heure nous montons aux tranchées pour demain attaquer et essayer de faire la trouée. Comme ma compagnie part en tête, il est probable que pas ou très peu rentreront donc je vous demanderais, si au cas où je n'écris plus, de faire part de ma lettre à chez nous. Notre attaque se produit dans la plaine un peu sur la gauche de Saint-Thomas, petit village de la Marne. Donc c'est là que je vais porter mes os. Vous pourrez les consoler un peu en leur disant que c'est pour la délivrance de la France que je suis tombé. Conservez le silence et excusez moi de vous envoyer cette lettre. Les derniers baisers que j'adresse sont sûrement pour vous mais réservez-en un peu à mes parents. Adieu.

F. HÉZARD

Lyon, le 23 septembre 1914

Je lègue à mon fils André Gélibert quand il aura 20 ans

ma bague
ma montre
ma chaîne

mes fusils
mes briquets
à ma fille Huguette
mon épingle perle
ma bourse en argent

Je leur laisse à tous deux le souvenir d'un père qui les a beaucoup aimés qui s'est fait tuer en brave pour la patrie.
Je te laisse à toi le souvenir de neuf belles années passées ensemble et tous les baisers que je t'ai envoyés au dernier moment.

Georges GÉLIBERT
(tué le 13 juillet 1915 à l'âge de 33 ans)

La montre, le binocle, le porte-monnaie contenant 137,60 marks et la chevalière appartenant à votre fils se trouvent auprès de la 1re compagnie sanitaire de la 33e division d'infanterie et vous seront remis lors de votre passage à l'étape.
Dieu vous console et vous fortifie dans le sacrifice pour la sainte cause de notre patrie.
Veuillez agréer l'expression de mes respectueuses salutations.
Votre très dévoué Dr. Langhäuser, aumônier militaire, Pasteur auprès de la 33e division d'infanterie.

Nous avions pris l'offensive et c'étaient les Boches qui fuyaient et avec quelle rapidité ! Dans les villages que nous traversions, on voyait encore leur trace de passage. Il y avait de tout, oublié ou laissé dans la précipitation par eux. Casques, sabres, couvertures, valises, malles, etc. Il y avait des tables dressées en plein air, où il y avait encore du frichti dessus qu'ils avaient été obligés de laisser.

C.

3 août 1916

Ce n'est qu'un éclatement continuel d'obus de tous calibres. La terre entre Souville qui est à notre gauche et Thiaumont à notre droite semble laisser échapper des langues de feu et de fumée comme un volcan. La terre bout comme l'eau sur le feu. Lorsqu'il y a un instant d'accalmie avec les jumelles nous apercevons les pauvres fantassins dans les trous d'obus. Quelle souffrance, mon Dieu, les pauvres ! De Fleury il ne reste plus rien : ce n'est qu'une tache blanche au milieu de toute cette terre jaunâtre et remuée sens dessus dessous.

Dans le lointain le fort de Douaumont reste toujours debout malgré les plus effroyables bombardements qu'il a supportés. Tant que nous regardons nous voyons nos troupes qui montent à l'assaut de Fleury. Malgré le tac-tac des Maxim, nos héroïques soldats avancent toujours et franchissent la crête.
Spectacle inoubliable de misère et de désolation. Mais voici que les tirs de barrage allemands qui s'étaient ralentis un moment redoublent d'intensité et la fumée des éclatements des obus nous masque le champ de bataille. Nous apprenons une heure après que nos troupes ont progressé et ont repris Fleury et l'ouvrage de Thiaumont. Des prisonniers allemands passent devant la porte du fort et ont hâte d'aller en arrière car ici ça tombe dur. Les trois quarts ont les yeux hagards et ne savent pas d'où ils viennent, ce sont plutôt des loques humaines que des hommes civilisés. Quelques-uns nous lancent quelques mots en nous faisant comprendre que c'est terrible et affreux ce carnage d'hommes. D'autres sont heureux d'être prisonniers car comme cela ils auront fini. [...] Toute la nuit l'artillerie tape fort de part et d'autre. L'on monte sur les fortifs et on regarde la multitude de fusées rouges, blanches, vertes, un vrai feu d'artifice.
Chaque trou d'obus éclairé ressemble au cratère d'un volcan éteint.

René VILAR

Lundi 11 novembre

Ma chère maman,

Ce matin, de bonne heure, les autos américaines et françaises qui défilent sur la route à cent mètres de notre installation arboraient des drapeaux.
Et à 11 heures, nous apprenions à la fois la signature de l'armistice, la fuite du vieux bandit et la révolution en Bochie. Et toutes les cloches des villages voisins sonnent de joyeux carillons cependant que le canon a cessé de tonner et que le soleil (de la fête aussi) fête l'été de la Saint-Martin et la fin de la guerre.
Te dire notre joie à tous est impossible. Ma première pensée a été pour ceux que j'aime, pour toi, ma chère vieille maman, qui vas retrouver ton pays redevenu français. J'ai jeté un regard sur les Vosges qui se profilent devant nous ; les deux versants en sont français maintenant, et pour toujours !!!

X (37)

Communiqué à la presse du 11 novembre 1918, 21 heures

Au 52e mois d'une guerre sans précédent dans l'histoire, l'armée française avec l'aide de ses alliés a consommé la défaite de l'ennemi.

Nos troupes, animées du plus pur esprit de sacrifice, donnant pendant quatre années de combats ~~incessants~~ ininterrompus l'exemple d'une sublime endurance et d'un héroïsme quotidien ont rempli la tâche que leur avait confiée la Patrie.

Tantôt supportant avec une ~~bravoure~~ énergie indomptable les assauts de l'ennemi, tantôt attaquant à leur tour elles-mêmes et forçant la Victoire, elles ont ~~dans~~ après une offensive ~~générale~~ décisive de quatre mois bousculé, battu et jeté hors de France la puissante armée allemande et l'ont contrainte à demander la paix. Toutes les conditions exigées pour la ~~cessa~~ suspension des hostilités ayant été acceptées par l'ennemi, l'armistice est entré en vigueur, ce matin, à onze heures.

Philippe PÉTAIN

Bibliographie

Stéphane AUDOIN-ROUZEAU, *14-18. Les combattants des tranchées*, Armand Colin, 1986.

Henri BARBUSSE, *Le Feu*, Flammarion, 1964.

Jean-Jacques BECKER, *La Première Guerre mondiale*, M.A. Editions, 1985.

Jean-Jacques BECKER, *La France en guerre : 1914-1918*, Bruxelles, Editions Complexe, 1988.

Jean-Jacques BECKER, Serge BERSTEIN, *Victoire et Frustrations : 1914-1929*, « Points », Seuil, 1990.

Gérard CANINI, *Mémoire de la Grande Guerre. Témoins et Témoignages*, Presses universitaires de Nancy, 1989.

Henri CASTEX, *Verdun. Années infernales. Lettres d'un soldat au front*, Imago, 1996.

L'enfant Yves CONGAR, *Journal de la guerre 1914-1918*, Cerf, 1997.

Jean-Norton CRU, *Témoins*, Presses universitaires de Nancy, 1993 (1re édition : 1923).

Maurice GENEVOIX, *Ceux de 14* (avec *Sous Verdun, Nuits de guerre, La Boue, Les Eparges, Jeanne Robelin, La Joie, La Mort de près*) Omnibus, 1998.

Jean-Pierre GUÉNO, Yves LAPLUME, *Paroles de poilus*, Historia/Tallandier/Radio France, 1998.

Mario ISNENGHI, *La Première Guerre mondiale*, Casterman/Giunti, 1993.

Ernst JÜNGER, *Orages d'acier*, Livre de Poche « Biblio », 1970.

Jacques MEYER, *La Vie quotidienne des soldats pendant la Grande Guerre*, Hachette, 1967.

Pierre MIQUEL, *La Grande Guerre illustrée*, Tallandier/Historia, 1998.

Didier PAZERY, *Derniers combats. La Grande Guerre, portraits de survivants*, Editions Vents d'Ouest, 1996.

Ralph SCHOR, *La France dans la Première Guerre mondiale*, Nathan Université, 1997.

Léon WERTH, *Clavel soldat*, Editions Viviane Hamy, 1993.

Jay WINTER et Blaine BAGGETT, *14-18. Le grand bouleversement*, Presses de la Cité, 1997.

Remerciements

Ce livre est un hommage aux huit millions de poilus français, mais aussi aux millions de soldats de la Grande Guerre, qu'ils soient allemands, américains, anglais, australiens, autrichiens, belges, bulgares, hongrois, italiens, japonais, monténégrins, polonais, portugais, roumains, russes, serbes ou turcs, avec une pensée toute particulière pour tous les autres, tous ceux qui furent mobilisés par les colonies des grands pays d'Europe, en Afrique, en Asie ou ailleurs...

A tous ceux qui ont sacrifié leur jeunesse et souvent leur vie sur les champs de bataille entre 1914 et 1918.

A tous les enfants, petits-enfants et arrière-petits-enfants de poilus français et allemands qui ont su conserver les lettres, les journaux de guerre et la mémoire de leurs parents et de leurs grands-parents, et qui n'ont pas hésité à répondre à l'appel lancé par Radio France et par la radio allemande sur l'ensemble de leurs antennes, et qui ont eu la gentillesse de confier des lettres, des photographies et des souvenirs qui leur sont infiniment précieux.

Paroles de Poilus a été réalisé sur une idée originale de Jean-Pierre Guéno, Directeur des Editions et de la Commercialisation de Radio France, en collaboration avec Yves Laplume, Directeur des Ateliers de Création des Radios Locales de Radio France.

Radio France n'a pu développer ce projet que grâce au partenariat de l'Historial de la Grande Guerre de Péronne, à l'aimable collaboration du Ministère de la Défense et de son service des archives, et à la coopération très active de la Deutschland Funk et de l'Office Franco-Allemand pour la Jeunesse.

Paroles de Poilus n'aurait pu voir le jour sans l'acharnement de Chantal Rey et de Céline Oerlemans, et sans les efforts de Valérie Meyer, de Carole Leray, de Jean-Claude Paris, d'Eléonore Lanoë, de Christelle Loigerot, de Danielle Perrot-Bellilowski, de Michel Grégoire, de Serge Le Vaillant, de Thomas Compère-Morel et de ses collaborateurs, de Sylvie Deubet Giono, d'Alain Rivière, de Gisèle Guffroy-Deschamps, d'Anne-Marie Bellard, de Jean-Michel Espitalier, de Stéphane Leroy.

Avec des mentions spéciales décernées aux équipes des ateliers de création des radios locales de Radio France, à l'équipe d'Historia Tallandier, ainsi qu'à toutes les antennes de Radio France qui ont soutenu cette opération.

Une chronologie du conflit sur le front de l'ouest

1914

28 juin : L'archiduc héritier de l'Empire austro-hongrois est assassiné à Sarajevo.
28 juillet : L'Autriche-Hongrie déclare la guerre à la Serbie. L'Allemagne soutient l'Autriche, et la Russie soutient la Serbie.
30 juillet : Mobilisation générale en Russie.
31 juillet : Jean Jaurès est assassiné à Paris. Ultimatum allemand à la Russie et à la France.
1er août : La mobilisation générale est décrétée à la même heure dans l'après-midi en France et en Allemagne. L'Italie reste neutre. L'Allemagne déclare la guerre à la Russie.
2 août : Ultimatum de l'Allemagne à la Belgique de laisser le passage à ses troupes.
3 août : L'Allemagne envahit la Belgique et déclare la guerre à la France.
4 août : Le Royaume-Uni déclare la guerre à l'Allemagne. Message de Raymond Poincaré, *l'union sacrée.*
19-20 août : Echec de l'offensive française en Lorraine. Les Français perdent plus de 140 000 hommes en moins d'une semaine. C'est une retraite générale...
20 août : Les Allemands sont à Bruxelles. Mort du pape Pie X, à qui succède Benoît XV.
24 août-5 septembre : Invasion allemande. Les Français et les Anglais se retirent sur un front à l'ouest de Verdun.
2 septembre : Les Allemands atteignent Senlis. Le Gouvernement quitte Paris pour Bordeaux.
5 septembre : Charles Péguy est tué à Villeroy (Seine-et-Marne).
6-9 septembre : Première bataille de la Marne. Les « taxis » entrent en action. 2 millions d'hommes s'affrontent sur le champ de bataille.
9-11 septembre : Bataille du Grand-Couronné. Victoire franco-britannique qui oblige les Allemands à reculer et qui dégage Paris.
18 septembre-15 octobre : Course à la mer des deux forces en présence pour contrôler les ports du nord de la France.
15 octobre-17 novembre : Bataille de l'Yser et d'Ypres.

Fin octobre : Les Allemands sont arrêtés sur l'Yser.
1er novembre : La Turquie entre en guerre aux côtés des puissances centrales.
8 décembre : Retour du gouvernement à Paris.
17 décembre : Première tentative d'une offensive de rupture du front adverse en Artois.
Décembre : Attaques et contre-attaques se succèdent dans l'eau et dans la boue. Le front se stabilise de la mer du Nord à la frontière suisse.
Fin décembre : Fin de la guerre de mouvement. Début de la guerre de positions qui va durer trois ans.

1915

15 février-18 mars : Tentative de percée en Champagne.
29 février : Début de l'opération franco-anglaise des Dardanelles.
11 mars : L'Angleterre déclare le blocus de l'Allemagne.
Mars : Echec naval des alliés aux Dardanelles.
22 avril : Première utilisation des gaz asphyxiants à Langemarck (près d'Ypres).
26 avril : Traité de Londres entre l'Italie et les Alliés.
7 mai : Torpillage du *Lusitania*.
9 mai-18 juin : Deuxième offensive française en Artois.
23 mai : Entrée en guerre de l'Italie aux côtés des Alliés.
10 septembre : Naissance du *Canard enchaîné*, journal humoristique qui cherche à réagir contre les mensonges de la presse et contre le « bourrage de crânes ».
22 septembre-6 octobre : Deuxième tentative de percée en Champagne.
25 septembre-11 octobre : Troisième tentative de percée en Artois.
5 octobre : La Bulgarie entre dans la guerre aux côtés des puissances centrales. Les troupes alliées débarquent à Salonique.
6 décembre : Joffre est nommé généralissime d'un commun accord par les alliés.

1916

8-9 janvier : Les dernières troupes alliées quittent les Dardanelles.
9 février : Service militaire obligatoire en Angleterre.
21 février : Offensive allemande : début de la bataille de Verdun.
25 février : Chute de Douaumont.
6-10 mars : La côte 304 et le Mort-Homme résistent à l'offensive allemande.
2 mai : A Verdun, Nivelle remplace Pétain.
6 juin : Chute du fort de Vaux.
23 juin : Verdun est sauvée pour les Français.
1er juillet : Début de l'offensive anglaise et de la bataille de la Somme.

3 août : *Le Feu* d'Henri Barbusse commence à être publié en feuilleton dans *L'Œuvre*.
20 août : Entrée en guerre de la Roumanie aux côtés des alliés.
15 septembre : Des chars d'assaut sont utilisés pour la première fois par les Anglais.
24 octobre : Les Français contre-attaquent dans la zone de Verdun : reprise de Douaumont.
2 décembre : Nivelle remplace Joffre.
6 décembre : Bucarest est occupé par les Allemands.
18 novembre : Fin de la bataille de la Somme. 1 million de victimes.
18 décembre : Fin de la bataille de Verdun. 1 million de victimes.
25 décembre : Le général Joffre est nommé maréchal de France et remplacé par le général Nivelle à la tête des Armées françaises.

1917

8 janvier : Début d'une première vague de grèves en France (grèves de la haute couture parisienne).
31 janvier : Annonce par les Allemands de la guerre sous-marine totale.
8-12 mars : Première révolution russe (23-27 février ancien calendrier).
16 mars : Abdication de Nicolas II.
6 avril : Entrée en guerre des Etats-Unis qui envoient un premier contingent de 80 000 hommes en France.
16 avril : Début de l'offensive du Chemin des Dames dite « Offensive Nivelle ». 250 000 Français tués.
Première utilisation de chars d'assaut français.
15 mai : Le général Nivelle est remplacé par le général Pétain à la tête de l'armée française.
Mai : Début des mutineries dans l'armée française.
Juillet : Extinction des mutineries.
22 juillet : Grand discours de Clemenceau au Sénat contre le ministre de l'Intérieur, Louis Malvy.
13 juin : Le général Pershing, commandant du corps expéditionnaire américain, arrive en France.
12 septembre : Fin de *l'union sacrée* sur le plan gouvernemental.
6 novembre : Les bolcheviks s'emparent du pouvoir.
17 novembre : Clemenceau devient Président du Conseil.
5 décembre : Armistice entre les Russes et les Allemands.

1918

21 mars : Offensive allemande en Picardie.
23 mars : Début des bombardements de Paris par la *Grosse Bertha*.
26 mars : Conférence de Doullens. Le principe d'une coordination entre les commandements alliés est établi.

9 avril : Offensive allemande en Flandres.
14 avril : Le général Foch reçoit le titre de commandant en chef des forces alliées en France.
27 mai : Offensive allemande sur le Chemin des Dames.
15 juillet : Offensive allemande en Champagne.
18 juillet : Contre-offensive française. La deuxième bataille de la Marne.
7 août : Foch, maréchal de France.
8 août : Offensive en Picardie. Début de l'offensive générale alliée.
Octobre : Apogée de l'épidémie de *grippe espagnole.*
4 octobre : Le gouvernement allemand engage des négociations d'armistice avec les Etats-Unis.
6-9 octobre : Congrès du Parti socialiste. La « minorité » prend la direction du parti.
3 novembre : L'Autriche-Hongrie signe l'armistice à Villa-Giusti.
6 novembre : Les Américains occupent Sedan.
9 novembre : Abdication de l'empereur Guillaume II. Proclamation de la République allemande.
11 novembre : L'Allemagne signe l'armistice.
13 décembre : Le président Wilson arrive en France pour participer à la conférence de la Paix.
15 décembre : Pétain, maréchal de France.

1919

28 juin : Signature du traité de paix avec l'Allemagne dans la *galerie des glaces* du château de Versailles.
14 juillet : Défilé de la victoire à Paris.
Septembre : Marcel Proust reçoit le prix Goncourt pour *A l'ombre des jeunes filles en fleurs.*
12 octobre : La Chambre des députés ratifie le traité de Versailles.

1920

17 janvier : Paul Deschanel est élu président de la République.
11 novembre : Le soldat inconnu à l'Arc de Triomphe.

Historial de la Grande Guerre de Péronne

Situé dans l'enceinte des fortifications du château de Péronne, « l'Historial de la Grande Guerre de Péronne » est un musée trilingue international d'histoire comparée qui présente dans des espaces magnifiques conçus par l'architecte Henri-Édouard Ciriani, et sur plus de 4 000 m^2, l'histoire de la Grande Guerre sous l'angle d'une approche culturelle, sociale, militaire et avec pour toile de fond l'agonie de l'ancien monde et la véritable naissance du XXe siècle. Ses fonds sont riches de plus de 15 000 objets civils et militaires complétés par des œuvres d'art (Otto Dix, Tribout, Gir, Gillot, Méheut, Zinoview...) et par des souvenirs personnels de Georges Duhamel, de Fernand Léger et de bien d'autres. L'Historial est doté d'un centre de documentation et d'un centre de recherche international (03 22 83 54 13) et d'un service éducatif (03 22 83 54 14).

À l'exemple des grands musées construits dans le monde depuis vingt ans, à Washington ou ailleurs, l'Historial de la Grande Guerre est parmi les lieux de mémoire les plus sobres et les plus émouvants qu'il soit permis de visiter.

Historial de la Grande Guerre
Château de Péronne BP 63
80201 Péronne Cedex
Tél. : 03 22 83 14 18

Autoroute A1 sortie Péronne n° 13 ou 13.1.

Du 1er mai au 30 septembre : ouverture de 10 h à 18 h tous les jours, dimanches et jours fériés inclus.

Du 1er octobre au 30 avril : ouverture de 10 h à 17 h 30 tous les jours, sauf le lundi, jusqu'à 18 h dimanches et jours fériés.

Fermeture annuelle de la mi-décembre à la mi-janvier.

Librio

245

Achevé d'imprimer en Europe
à Pössneck (Thuringe, Allemagne)
en mai 2001 pour le compte de EJL
84, rue de Grenelle 75007 Paris
Dépôt légal mai 2001
1er dépôt légal dans la collection : sept 1998

Diffusion France et étranger : Flammarion